近すぎず、遠すぎず

他人に振り回されない
人付き合いの極意

[日] 枡野俊明 著
朱婷婷 朱悦玮 译

，若离

系的禅意美学

北京时代华文书局

前　言
所有人际关系的烦恼都可以通过距离感来解决

"与人交往好难啊"

每个人心里都有过这种想法吧。事实上九成的烦恼都是由人际关系造成的。职场关系、地域社区，恋人、家庭、朋友……感觉"在这些关系中没有烦恼"的人应该是不存在的吧。

之所以会出现这种烦恼，是因为我们在和"他人"打交道。如果只有自己一个人的话，就绝对不会出现这样的烦恼了。

例如，出于一片好心为对方做的事情，反而变成了给对方添麻烦和多管闲事，或许在远处静静地看着反而更好。但要是真的那么做了的话，可能对方又会觉得你态度冷漠，然后记恨你。

当然，人们不可能将自己的想法百分之百地传达给对方。每个人的感受力不同，价值观也就不同，对于事物的见解与思考方式也因人而异。思想上出现差异也是理所当然的事情。

但是，我们可以尽力缩小这个差异。我想秘诀就在于与对方之间的距离。距离不合适，就会出现"热情变成多管闲事""为对方考虑却适得其反"的问题。

迄今为止，我亲手建造过几座"禅庭"。当然，它们的造景各不相同，但"无论哪座'禅庭'都有一个共同点"。

"禅庭"由砾石、白砂、植物、水等极简的素材构成。当然，仔细斟酌应该选择什么素材固然极其重要，但最重要的却是思考用什么样的位置关系将这些素材摆放在一起。

砾石和植物的位置只要稍作变动，就会完全改变"禅庭"的意境。伫立在庭院里或是使人感到神清气爽，或是使人感到心情平静……

相反，也可以依靠素材的摆放方式，带给人以压迫或拘束的印象。

而决定两种感受差异的就是位置关系，即素材与素材的距离。

因此，无论哪种"禅庭"，都要把握住恰到好处的位置关系，也就是前面所说的"共同点"。

距离能够改变"禅庭"的意境。这在人际关系中也同样适用。我注意到的正是这点。本书将以此为出发点，以造庭的宗旨，将视线集中在"距离"这个要素上，并以此来考察人际关系。

人们在人际关系中可能会感受到愉悦或者不快等不同的情绪，有时会非常开心，有时也十分生气。当然，导致出现这些感受的因素很多，但距离也是左右情绪的重大要素。

随着写作的深入，笔者渐渐意识到造庭与处理人际关系有许多共通点。为了设计出美丽的"禅庭"而使用的方法同样可以用来构建融洽的人际关系。它们的精髓正是本书的书名《若即若离：人际关系的禅意美学》。

伴随着科技的发展，人们依靠社交软件和社交网站就可以轻松地建立人际关系。但另一方面，对人际关系感到苦恼，与人交往时感到困惑的人也越来越多。本书为了能从根本上解决这个问题，提出了一个至今从未被提出的全新的解决方法。

禅宗里有这样的句子：

禅即行动。

禅宗认为实践是最重要的。阅读本书之后，请立即付诸行动。被他人所左右的人生到今天就此结束，请认真过好你的人生。

合掌

目录 contents

序章 『禅庭』是人际关系的缩影

为什么人会对"禅庭"入迷
开始了解七种禅之美的旅途　　　003

禅之美一　"不均齐"——无限的延展
人力所不能及的要素里蕴含着价值　　　007

禅之美二　"简素"——看透对象本身
因为简单所以不会厌倦　　　009

禅之美三　"枯槁"——在悟道的顶端
栖息于枯朽而坚强的美　　　011

禅之美四　"自然"——无须修饰
舍弃自我，追求无心　　　013

禅之美五　"幽玄"——想象余韵
隐秘于想象的世界　　　015

001

禅之美六 "脱俗"——不拘泥于事物本身
突破世俗的自由姿态　　　　　　　　　　　　017

禅之美七 "静寂"——无论何时何地都有一颗宁静的心
能够感受到自己的内在精神性　　　　　　　　019

七种美使人际关系变得更美好　　　　　　　　　021

第一章 『和谐的秘诀』向七种禅之美学习

向禅之美一 "不均齐"学习
不完美也没关系，因为不完美才好　　　　　　025

向禅之美二 "简素"学习
不要过度依赖便利的工具　　　　　　　　　　030

向禅之美三 "枯槁"学习
不迎合的态度　　　　　　　　　　　　　　　035

向禅之美四 "自然"学习
不要盲目扩展人脉　　　　　　　　　　　　　042

向禅之美五 "幽玄"学习
不要害怕沉默　　　　　　　　　　　　　　　048

向禅之美六 "脱俗"学习
从必须中解脱出来　　　　　　　　　　　　　053

向禅之美七 "静寂"学习
重新获取内心的宁静　　　　　　　　　　　　057

第二章 探寻人际关系本质的四个步骤

向建造"禅庭"学习建立人际关系	063
步骤一　首先要了解自己	065
步骤二　重新整理对交往的认识	076
步骤三　确定真正需要的信息	089
步骤四　认真虚心对待每一个人	101

第三章 保持舒适距离感的心得

由大局到细节	113
距离是有弹性的	114
磨炼日本自古以来的"以心传心"精神	117
不求改变，任其自在	120
"好人症候群"是人际交往中令人疲惫的元凶	123
怀着感恩的心缩短与他人的距离	126
不忘"安闲无事"和"一期一会"的精神	130
不要过度地理解他人	133
关于常识、世间、社会的距离感	136

第四章　与难以应付的人融洽相处的方法

"难以应付"与"讨厌"印象的本质	141
对话的基本是"倾听",倾听能够提升信任感	144
把握"他人"与"自己"的概念	147
要当场迅速地做出判断	150
弄清与人交往是否能促进自己的成长	153
除了语言,还有很多办法可以构筑人际关系	157
耳听为虚,眼见为实	161

第五章　良缘的八个习惯——通过自然的流露来吸引

习惯一　恪尽职守,活在当下	167
习惯二　早起,度过清爽充实的早晨	171
习惯三　将早晨十分钟的扫除作为日常习惯,整理好心情再出门	173
习惯四　带着感谢与尊敬的心情合掌祈福	176
习惯五　饱含心意地写亲笔信	179
习惯六　不问成败,正视自己的缺点	182
习惯七　重整三业,使自己举止优雅	186
习惯八　接触自然可以磨炼人的感受力	190

结　语	195

序章

「禅庭」是人际关系的缩影

「禅庭」是一种在身体中领悟绝对真理的修行，放空自己之际，将之表现于有形之物，就完成了「禅庭」。

「禅庭」的建造与人际关系的建立有很多共通点。

请珍惜现在。无论哪个瞬间，都要着眼于眼下自己应该做的事情，全身心地投入。

为什么人会对"禅庭"入迷
开始了解七种禅之美的旅途

到目前为止,我在国内外参与了多项"禅庭"设计以及庭园建造的工作。通过这项工作,我逐渐注意到一件事情,那就是"禅庭"的建造与人际关系的建立有很多共通点。

建造"禅庭"的思维方式能直接应用于建立人与人之间的联系上。造庭的技法也可以充分地活用到人际关系上。

这种应用、活用的具体方法,我将在后文中具体展开,在此之前,我想先谈谈有关"禅庭"的最基本的问题。

"禅庭"是什么?

用一句话概括"禅庭"的话,就是:它是一种在身体中领悟绝对真理的修行,放空自己之际,将之表现于有形之物,就完成了"禅庭"。

可以说"禅庭"是"表现禅之美的空间"。

那么，禅之美到底在哪里呢？

执教于京都大学的哲学家、佛教学者，已故的久松真一将禅之美归纳为七类并进行了说明。

久松将禅之美分为七种类型，分别是"不均齐""简素""枯槁""自然""幽玄""脱俗""静寂"。它们在协调中融为一体，于"禅庭"中表现出来，营造出"禅庭"的凛冽姿态以及清爽的空灵感。

现在我就分别对这七种禅之美进行详细的解说。

人心灵的状态总是在发生改变。应该时刻感知对方的心灵状态，该接近的时候接近，该保持距离的时候保持距离。

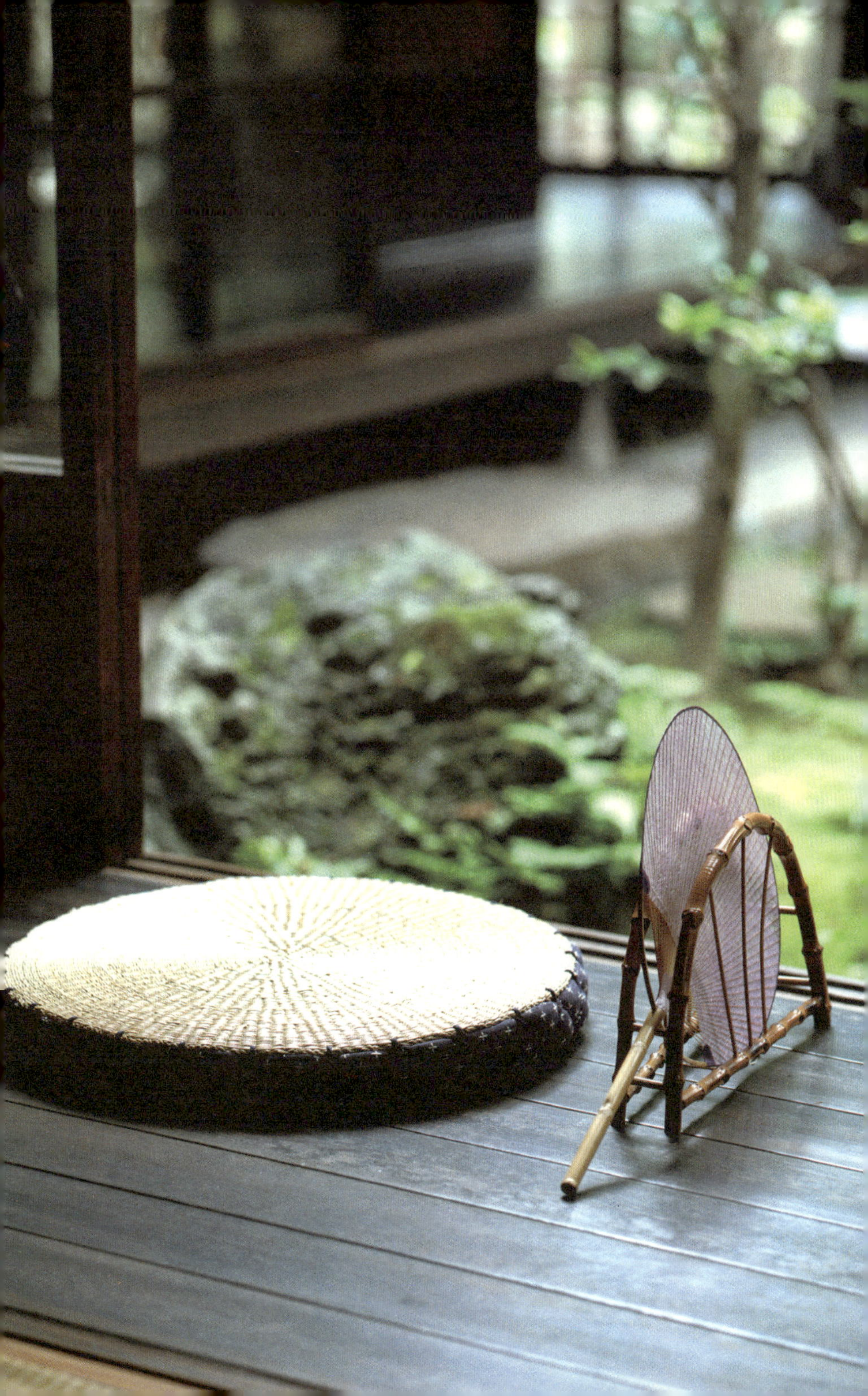

潮湿的青苔，树缝间透进来的光，由此酝酿出来的静谧……正是"脱俗"世界的延展。

禅之美一 "不均齐"——无限的延展
人 力 所 不 能 及 的 要 素 里 蕴 含 着 价 值

完整对称被称为"均齐"。但左右对称，或者达到全部的平衡，在禅的美学中并不是美，只有在硬要将其破坏的"不均齐"中才能发现禅之美。

均齐是一种"完成后的姿态"，也是一种"结束的姿态"，再无继续变化发展的可能。它的延伸、扩展甚至深化在它完成的那一刻也随之终止。但是，禅仍旧追求更多的延展。

禅语有云："百尺竿头，更进一步。"表示100尺（约30米）长竿的顶端虽已是极高境界，但是"仍需更进一步"。比喻不应止步于完成（"均齐"）状态。

超越均齐而追求"不均齐"才为禅。正是这种"不均齐"体现了造庭人的哲学以及人性。

例如，将西方陶器与日本陶器相比，区别就很明显。西方陶器在器型、设计以及花纹方面没有任何的瑕疵，十分均齐，这被西方认为是美的。

日本的陶器又如何呢？日本的陶器在审美方面与西方完全不同。观察茶具就会发现，茶具有微妙的歪斜，触感也有所不同……作者的意图正是在这种"不均齐"中才得以体现。

另外，上釉的方法、窑的温度、火烤的方式都会改变最后的成品。也就是说，只有加入人力所不能及的要素，并且以此为美才是禅，才是日本人的审美态度。"不均齐"可以激发出人的想象力。依靠想象，不同的人能够感受到不同的美。

禅之美二 "简素"——看透对象本身
因 为 简 单 所 以 不 会 厌 倦

"禅庭"是极为简单的。尤其是仅仅依靠砾石和白砂,最多再加入少量的苔藓来表现大自然的"枯山水",这即是"简素"最极致的体现。它的样子即是禅之美的象征。

建造"禅庭"的基本在于"做减法"。削减,削减,减到不能再减时,"禅庭"就成立了。

不要对素材进行加工。

按照砾石本来的状态,从各个方向对其表情进行品读。然后将最美的表情,以及符合"禅庭"主题的表情作为"颜"来摆放。这就需要能够看出素材不同表情的"眼力"了。

大家都知道京都龙安寺的"石庭"吧。十五尊大小不一的岩石分别放置在五处不同的地方,仅由大片白砂铺地,是极为"简素"的"枯山水"。我想在此空间内的感受虽因人而异,但无论何时它都不会令人感到厌倦。

越"简素",越深奥,越能够使人产生紧张感。

水墨画的世界也以"简素"为美。西方绘画着重色彩,水墨画仅靠墨的浓淡就可以表达丰富的颜色。

有句话说"墨分五色"。"五色"指的是各种颜色。墨的浓淡可以唤起欣赏者的想象力,幻化出自己喜欢的颜色。正是"简素",无论在何处都能够激发人们的想象力。

禅之美三 "枯槁"——在悟道的顶端
栖 息 于 枯 朽 而 坚 强 的 美

"枯朽而坚强"这句话可能不太好理解,请试着想象一棵古松。

特别古老的松树也曾经枝繁叶茂。如今,岁月使它的姿态逐渐孱弱。暴露于风雪之下,叶子也开始腐烂。

但是,这种姿态里存在着小松树不具有的庄严的存在感,让人感觉什么都不能动摇它,具有一种"历经岁月、饱经风霜后的强大"。

古松的这种风骨,正是"枯槁",正是禅之美。

高僧的墨宝(书法)里面也有这种"枯槁"。这是经历长期修行后才能达到的一种精神境界的体现。虽具有"枯槁"的态势及扣人心弦的力量,却毫不卖弄夸耀,没有丝毫的"悟臭"。

所谓的"悟臭",与字面的意思一样,指独自陶醉于自己感悟到的东西时所散发出来的臭气。禅宗最忌讳的就是悟臭。

在"禅庭"中提到"枯槁"的话,自然就是"枯山水"了。其景色具有不可比拟的存在感,压倒其他所见的东西。最能体现作者力量的也是"枯山水"。

禅语有云:

枯木龙吟。

"枯槁"的树木中有风吹过,发出犹如龙吼一般的巨响。

这就是"枯槁"的姿态。

禅之美四 "自然"——无须修饰

舍 弃 自 我， 追 求 无 心

建造"禅庭"时需要注意不能有"我要建造"的想法。要是有了这种想法，就会出现"要更好地展示""要感动欣赏者"的自我意识，那样就不能建造出好的"禅庭"。

禅的世界里，"自然"的意思是无须刻意修饰。

一花开五叶，结果自然成。

花开五瓣，最后结果。但开花并不是为了结果。花朵只需灿烂地绽放，其他的交给时间，自然就会结出果实。

建造"禅庭"也要做到此时此刻全情投入，需要用超脱的无心境界来面对。

这种状态下创造出来的"禅庭"才能够最真实地反映出自己的内心以及自己的力量。

建好后的"禅庭"需要继续打理，打理也必须遵从自然，将修整限制到最低的程度。京都的"禅庭"就非常符合这个守则。

将繁茂的枝叶打理成自然原有的姿态，让人意识不到修整过，这才是真正优秀的技术。

任何人都有自我，想要从根本上做到无我是不可能的，即使这样也要尽可能地舍弃自我。这点可能是造庭中最难也是最重要的部分。

禅之美五 "幽玄"——想象余韵
隐秘于想象的世界

在日本的文化和艺术中有一个自古流传的传统,那就是"幽玄",即深藏于内在的余韵。例如在歌舞伎中亮相的表演者会有一瞬间停下不动。这就是我们所说的"间"。能够唤起观者的思考和想象的此时的"间"究竟为何意呢?

这就是"间"所表现的"幽玄"。

可以说"幽玄"是依靠想象的世界。

在"禅庭"中相当于"间"的就是"留白",即什么都没有的空间。这种"留白"实际上是"禅庭"中重要的构成要素。

欣赏者在这里揣摩造庭者的意图,感受造庭者想要表达的世界。可以说如果没有"留白"的话,"禅庭"就无法成立。

在"禅庭"中体现"幽玄"的不仅仅是"留白"。

瀑布位于庭园的中心,鲜艳的红叶枝干,稍许穿过瀑布,一阵微风吹过,树枝摇曳,后面的景色若隐若现……

如果欣赏到了全部的景色,人们只会感慨一句"原来就是这种景色啊"就结束了。但通过若隐若现,景色会发生多种的变化。

这也是"幽玄"的世界。

日本人自古以来就喜欢"幽玄",而且乐于享受"幽玄"。格子窗、帘子以及拉门等都可以成为创造"幽玄"世界的素材。

从透过格子窗看到的风景中体会余韵的乐趣,这是日本人与生俱来的感性。

禅之美六 "脱俗"——不拘泥于事物本身
突 破 世 俗 的 自 由 姿 态

世界具有一定的规则。有墨守成规的老规矩，也有约定俗成的惯例……

不受这些规则的束缚，勇于突破的自由被称为"脱俗"。

七福神之一的布袋和尚总是面带笑容，其大腹便便踱步的姿态经常出现在水墨画之中。布袋和尚的形象就可以说是"脱俗"。

布袋和尚完全不在意自己的形象和他人对自己的看法，只是笑眯眯地在街上踱步。带着的"布袋"里面虽装满了化缘的东西，但是接受施舍的时候不卑不亢，从不卖惨博同情，就是堂堂正正"被施舍"的样子。

这就是一种洒脱。从世俗（"框"）中完全摆脱出来，不被任何事情所拖累，以完全自由的姿态存在于世。这也是禅之美。

要说起"禅庭"中的"脱俗",脑中第一个想到的就是苔寺中非常著名的京都西芳寺(西芳寺：日本寺庙,属日本临济州宗天龙寺派)。在晨雾弥漫的早晨站在西芳寺中,呼吸着清新的空气,脑子里就会浮现出各类情景。

潮湿的青苔,树缝间透进来的光,由此酝酿出来的静谧……正是"脱俗"世界的延展。

《论语》里面有这样的话：

十有五而志于学,三十而立,四十而不惑,五十而知天命,六十而耳顺,七十而从心所欲,不逾矩。

到了70岁便随心所欲,做任何事都不越出规矩,这正是孔子"脱俗"的表现。

禅之美七 "静寂"——无论何时何地都有一颗宁静的心
能 够 感 受 到 自 己 的 内 在 精 神 性

禅所说的"静寂"并不是指身在森林深处,周围没有任何声音的安静。

禅认为即便在街道的喧闹中也可以有"静寂"。因为"静寂"是无论外界环境嘈杂还是安静,自己的内心都能够感受到的东西。

临济宗的中兴祖师白隐禅师说过"动中功夫胜静中功夫百千亿倍"。坐禅的时候,心自然会静下来。但是与此相比,如果在动中坐禅也能保持同样的心境就更加难得。

虽然这种境界很难达到,但是通过坐禅确实能够体会到"静寂"。一坐下,就会感到内心安定,被宁静所包围。

当然周围并不是丝毫没有声音。可以听到鸟儿的婉转轻啼和微风的低声细语,使人心情十分愉悦。没有刻意地去听反而听得到自然的声音，这种内心的宁静就是"静寂"。

白隐禅师说过，无论身在何处都要像能体会到那种"静寂"一样去修行。

建造"禅庭"就是要建造一处能够令人感受到"静寂"的场所，让人静立于此，能够长久欣赏景色的场所。除了禅庭，亭台也是体会"静寂"的好地方。

七种美使人际关系变得更美好

前文中为大家介绍了七种禅之美。也许有人已经发现,它们在人际关系中也是十分必要的要素。"禅庭"的美丽、静谧全凭这七种美支撑着。

同样,如果能够意识到这七种美,人际关系也会变得更加美好、深入、和谐。

人际关系产生问题的原因就是失去了和谐。无论在哪个"禅庭"之中,这七种美都是在和谐中共存的,绝不会失去和谐。在构建人际关系的时候也可以从建造"禅庭"中学习到很多经验。

在接下来的章节中,我将为大家具体讲一讲如何将实现这七种美和谐的秘诀应用到人际关系中。

第一章

向七种禅之美学习『和谐的秘诀』

『不均齐』『简素』『枯槁』『自然』『幽玄』『脱俗』『静寂』,这七种禅之美在协调中融为一体,实现这七种美和谐的秘诀同样也可以用到人际关系中。

向禅之美—"不均齐"学习

不完美也没关系,因为不完美才好

"善意的谎言"与"残酷的事实"

那个人一见面就训斥我,上司一碰面全是提醒,父母一开口都是说教……

令你头疼的对象都是什么样的人呢?

任何人被别人指出自己的缺点都会感到不愉快,而被夸赞的时候则会非常开心。但如果周围都是"做得好"的夸奖声的话,人就不会期待自己继续成长了。当然,我们没有必要与全面否定他人人格并具有攻击性的人交往,但也不能武断地认为"既然自己不擅长与人交往,那就选择远离"。只有开始拥有"虽然不擅长人际交往,但可以试着去倾听"这种宽容意识,才说明自己得到了成长。

即便有人对自己非常严厉,但那个人不可能只有严厉的一面。不妨试着去了解他的另外一面，试着从其他角度来看待他。比如当自己需要帮助的时候，对方采取了什么样的言行。多从这样的角度来进行思考比较好。

比如你在公司犯了大错，他是否和你一起加班弥补失误？再比如你陷入巨大悲痛的时候，他是否在身边陪伴着你？……

如果总是一味地说批评的话，那有可能是这个人的品行不太好，这就不是你的责任，而是对方的责任。没有自信的人会使用攻击性的言行去表达自己，通过这种方式来让自己安心。如果对方是这种人的话，完全可以选择回避。

但是正如前文中提到过的那样，也有人在严厉指责的同时会流露出柔和的另一面。对于这样的人，应该试着查证其批评的内容。因为他们的语言虽然很严厉，但是很有可能一语中的。

要是那样的话，说明对方是能帮助自己成长的人。即便他总是指出你的缺点，你也不能疏远他，而是应虚心地接受、学习。

只会说好话的人，并不是一个好的交往对象。偶尔说出严厉话语，但在你遇到困难的时候能够主动帮助你，而且换作是你的话也会以同样方式对待他，只有和这样的人才能建立起良好的人际关系。

不完美中孕育着无限的可能性

我在建造"禅庭"的时候，想起一句禅语。

"山是山，水是水。"

山肩负山的使命，水履行水的职责。山并没有让水变成山，水也没有强迫山变成水。两者在自然中和谐共存。

我想这和人类社会是相同的。向大自然学习人际关系非常重要。如果A先生对你说，"成为山吧"。那么有可能A先生就是山，或者A先生认为山的价值观是最好的。但是，如果自己是水，不想成为山的话，就无须刻意变成山。水只要认真地履行自己的职责，就已经非常美丽。大自然原本如此。

一个人不可能全部正确，价值观也不是绝对的。任何人都是这样。只要意识到了这点，我们就能够开始自省并容易接受他人，那样的话，即使是过去一直认为不好交往的对象，也能从他们身上发现值得学习的地方。

人是一个多面体。总是大声呵斥别人的人，实际上可能一直在为社会上的弱势群体从事志愿者活动。总是啰唆的老师，可能经历过失去重要学生的伤痛，结果导致他变得爱唠叨。

无论被认为是多么不好交往的人，不好交往只是他的一面。仅凭一面就拒绝或者嫌弃他人的话，岂不是浪费了人生中难得相遇的缘分吗？尽可能尝试在对方身上寻找自己喜欢的一面吧。

如果抱有不愿意交往的想法，就很难找到对方的优点。但是，如果能暂时忘掉过去"对那个人的印象"，将他看成是今天刚刚认识的人，而不是过去曾经认识的那个人，那么就能够摒弃无意间形成的偏见。

这样的话，你可能会发现那个总是吹毛求疵的人，正是一手负责公司内部整理整顿，净化公司环境的人。你就会知道"这里总是这么干净整洁，原来是多亏了那个人啊"。不管看到什么问题都敢于出言指正的人，在大家聚在一起的时候也能够明确地做出指示。这个时候你就会发现"这个人真有气场"。

对于那些让你觉得不好交往的人，只要换位观察，就一定能够发现他们的优点。发现这些优点后,可以坦率地说出来。

"您总是照顾得这么周到啊!"
"您这套西装穿起来很好看!"
"您真是具有非凡的领导力!"
……

总之,说什么都行。人被夸奖后心情就会变得很好,对你和颜悦色的机会自然就会增加。长此以往,你就不会觉得他不好交往了。

正如你自己也不完美一样,每个人都是不完美的。

有缺陷也好,有瑕疵也好,这才是人。人的妙处也正在于此。通过与这些不完美的人交往,就能掌握意想不到的人际交往秘诀。俗话说:"日久见人心。"如果觉得有人不好交往,那就多给自己一些时间。

向禅之美二"简素"学习
不要过度依赖便利的工具

多余的东西越多就越虚伪

通知别人事情的时候,大家会用什么方式进行联系呢?

打电话,发邮件,使用 Line 等社交软件……或许还有少数人会写信通知吧。

那么,回答"去当面通知"的人有多少呢?

随着科技的进步,人与人之间的交流方式变得越来越丰富。根据通知的对象、情况、内容不同,可以采用不同的联系方式,这是现代交流方式最大的特点。

比如当面交流比较难为情的时候,使用邮件或者 Chart 等软件就可以轻松地达到交流的目的。面对面很难讲出口的话,使用 Line 等也可以轻松地表达出来,而且,即使不擅长说话的人，只要有了新的交流手段，也可以撇开顾虑，轻松地进行交流。

但是，此刻正在读这本书的读者们，还是会因现在的人际关系感到烦恼和辛苦吧？

不管对方说什么，都只用 line 回复一个 OK 的表情。想让朋友们知道自己的近况，就会发 Facebook 或 Instagram……这样做起初的确能够使人感觉增加了交流，减少了要特意见面才能聊天的束缚，可以轻松地交换信息，使频繁的交流成为可能。

例如通过社交软件就可以很轻松地和大家分享今天吃的午餐。如果能够收到朋友的点赞和评论，也会变得十分开心。因为可以显示点赞的数字，所以分享得更起劲了。

在重复进行这种交流的过程中，你会发现吸引更多关注的要点，比如"这样的内容会受欢迎，文章这种感觉会更好，照片……"于是，你开始被这些条件所束缚。也就是说，虽然你的内心并不认可，但因为得到了积极的评价，而变成"为了收获好评"去分享。结果，这使你逐渐地脱离了自己本来的样子。

去繁就简回归原点

禅宗里有一个词叫"面授",而"面授"的关键就是必须要直接面对对方传达信息。面对面的时候,交流的方式就会增加很多。除了语言,动作、表情、声音都可以成为工具。有笑容和点头,仅靠这些就可以营造出一个非常宜于聊天的气氛,使相互之间产生"安全感",更容易与对方建立起互相信赖的关系。

而且,通过这些工具,双方还能够互相观察、理解对方的状况。因为表情、动作、声音的音调等都会根据状况无意识地发生变化。

请回想一下自己身体不舒服的时候。

你可能会脸色不好、声音嘶哑、咳嗽,想要主观改变这些病状非常困难。即使口头上说"没关系",身体的不舒服还是会表现出来。

如果你仔细观察对方,即便对方不说话,你也能够了解许多信息。对方的动作、表情、脸色、嘴角上扬或是下弯、眨眼、皱眉、视线的方向……如果是面对面的话,这些都是帮助你了解对方的线索和信息。但在SNS以及Line上是绝对获取不了这些的。

我并不是否定技术进步带来的新的交流工具。但它们始终只是一种工具和手段，不能过度依赖，否则可能会让我们忽略了我们本来的目的。

使用这些工具的时候，需要认识到它们具有什么样的特点，但我感觉许多人并没有认识到这一点。

虽然使用这些工具很方便，但如果全部使用这些工具来进行简单的表面交流的话，就会将真实的自己伪装起来，很难与对方建立信赖关系。

想向对方传达事情的时候，首先要见面。如果有想要问对方的事情，无论如何都要见面。受时间限制无法见面，从开场白到进入主题相当浪费时间，见了面也不知道说什么……每个人都可能存在类似这样的困扰。这么想的话，可能会觉得面对面交流也有许多缺点。但是，如果以见面这种简单的形式作为交流的基础，就能够使精神感到愉悦、心灵得到充实。在面对面的情况下，心情郁闷时想要装作若无其事的样子，可能难以掩饰真实的情绪。相反，看起来很精神，却要强调自己睡眠不足的时候，也没有什么说服力。

试着重新回到"面对面交流"的原点上吧。那些看似便利的沟通工具，正是由于其便利性，才使沟通变得更加复杂、烦琐。

只有回归简单、"简素"，交流才会令人愉悦。

最简朴的交流、面对面的交流才是建立人际关系的原点。

向禅之美三"枯槁"学习

不 迎 合 的 态 度

关键在于"具有被人嫌弃的勇气"

在人际关系上栽了跟头或受挫后,在之后的人际交往中,多多少少会有一些害怕。不想被别人嫌弃,不想被别人否定,不想被别人拒绝,不想惹人发火……

如果有这种想法,那么为了不被人嫌弃,即使与他人意见不同也不会表达出来,虽然接受不了但仍然会同意,即使不认可还是会赞同。

这显然很不合理。这种情况持续下去的话,对人际关系恐怕就会越发地感到拘束了。

那么,怎么做才好呢?

答案就是不必迎合他人。

当然了，这不是说和他人竞争或者对立。如果持相同的意见，就坦诚地表示赞同。有同感的话，直接告诉对方就好。

虽然抱有和他人不同的想法和看法，但为了取悦对方而故意去夸奖，本来自己并没有错却主动道歉，最后只会使自己非常痛苦。

在公司、学校或者同好群等组织中，总会有八面玲珑的人、"没原则先生"以及一味取悦别人的人，大家可能认为这些人更容易建立比较良好的人际关系，但那只不过是逢场作戏而已。

不迎合他人就会树敌。真的是这样吗？

如果对方希望你为了适应他而压抑自己，你真的想和这种人交往吗？对于压抑自己的你没有任何歉意的朋友，真的有必要存在吗？

可能不是这样的。

而且，用虚伪的态度对待自己真正需要的人，你自身也会感到内疚。

逢场作戏可以取悦对方，却不会使人际关系变得更加舒适、愉悦。

高贵的品格都有坚定的信念

对于不迎合自己、总是提出反对意见的人，有些人会选择疏远，甚至向他们发火。但如果一个人总是一味地去迎合别人，这样的人值得信任吗？

在人际关系中最重要的就是信任。

即使不迎合会导致被疏远，会惹人生气，但只要能得到信赖的话就没关系。

你可以这样想：即使意见相左，也要表现出不迎合的态度，一定会有人对你寄予信任。只有与这样的人才能建立起舒适的人际关系。

不迎合对方，不迎合组织中主流的意见，并不意味着否定对方。因为人的价值观是多样的，互相碰撞是必然的。应该认可对方的地方就去认可，但同时也要坚持自我。这才是不迎合的态度。

具有协调性固然非常重要，但如果不发表不同的意见又何谈协调呢？如果自己持有不同意见的话，一定要表达出来。但如果组织上做出了最终的决定，那么自己就要坚决地服从。这才是真正的协调性所在。

不迎合也不意味着孤立，前者可以说是坚持自我不动摇，让周围的人感到你的威严、高尚以及实实在在的存在感。

我认为这些都是个人魅力的一种体现。

只有回归简单、"简素"，交流才会令人愉悦。最简朴的交流、面对面的交流才是建立人际关系的原点。

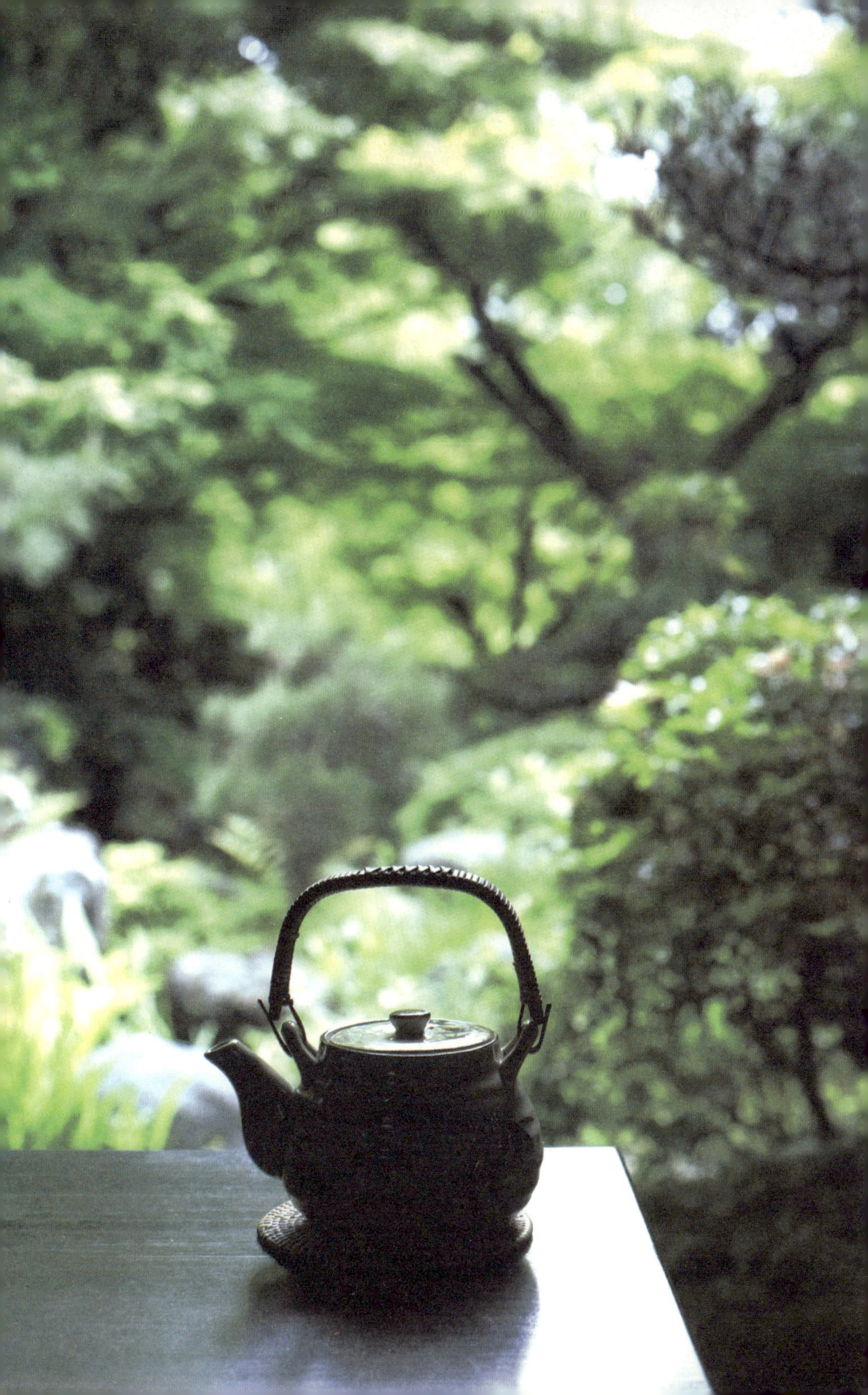

人有的时候容易患得患失，如果能摆脱这种困扰，生活就会变得简单起来。

感受他人为自己带来的、给予自己的一切，并对此心怀感激，这就是感恩的心。

向禅之美四"自然"学习
不 要 盲 目 扩 展 人 脉

"人脉广一点才好"的固定思维

"朋友很多""人脉很广""有很多不同类型的朋友"……听到这些,你会有什么印象呢?

"朋友多的话,说明受到很多人的仰慕,一定具有非常优秀的人格。"

朋友多的人具有吸引他人的魅力,那确实是非常好的一件事。

但朋友少、没有人脉的人就不是人格高尚的人,不具有人格魅力了吗?我并不这么认为。

朋友多固然好,但也会因此受限。就是说,如果朋友不多的话,就会感到不安。

想成为优秀的人,想要周围的人把自己当作优秀的人来看待。

这两条看起来一样,但实际上完全不同。自己想要成为一名优秀的人,一定是和朋友的数量没有关系的。但是,证明是优秀人的要素之一,就是很多人会在意的"朋友的数量"。而且朋友的数量越多,能评价自己的人也就越多。

这是导致"朋友多＝好事"这一概念产生的主要原因。

如果不去刻意奉承,只依靠"顺其自然,听从本心"来建立人际关系,结果交到很多朋友的话,那自然好。但要是通过伪装自己来博得他人的好感,从而结交朋友的话,那就存在很大的问题。

我一直认为不需要盲目地多交朋友或是扩充人脉。对此有人可能会感到惊讶。

"朋友越多,遇到困难的时候能伸出援手的人也就越多啊。"
"人脉越广,商业机会可能会越多。"

确实,当遇到困难的时候或者寻找商业机会的时候,你的朋友和人脉之中,可能会有人成为关键人物。但是,首先要冷静地想一想,并不是谁都能帮助你,关键人物是极其有限的。

能真正关心并帮助你的人到底能有多少呢?有几个的话,那就非常难得了。他们才是你真正的朋友,是重要的人脉。

珍惜眼前人

交朋友建立人脉时,最基本的要素是什么呢?答案是交流。交流这个词最初来自拉丁语的 communication,带有"共同分享"的意思。那么,我们就回归语源,从"共同分享"的角度来看看朋友和人脉吧。

收到时令水果时,你"自然而然"地想要和谁去分享呢?有了高兴的事情,你"自然而然"地想要和谁去分享呢?有过一段十分后悔和痛苦的经历,你"自然而然"地想要和谁去倾诉呢?

此时,你脑中浮现出的是几十个朋友,或者几百人甚至上千人的人脉关系吗?

恐怕浮现于脑海的还是身边的至亲好友：恋人伴侣、父母子女。还有平时交往亲密的邻居或同事，以及真正的朋友。能分享的人大抵只有这些吧。

再来想一想这种情况：当别人悲伤难过的时候，就像自己的事情一样，想要一起去分担。当别人感到喜悦和幸福的时候，你也像自己的事情一样去祝福他。别人有了开心的经历，你也想让他说给自己听……

怎么样，在这种情况下你头脑中能够浮现出谁的名字？有多少人你能够倾听并理解他的感受，与他心心相通呢？

"共同分享"这个词非常简单，但要是真的实践起来的话，自然而然就会出现人数的限制。

即便有千百万人因为失去重要的人或物而悲叹，但你也只有一个。既然如此，你只能珍惜眼前人，对他说暖心的话语，竭尽全力去好好地对待他。

这并不意味着我们不需要朋友、不需要人脉，而是要知道自己力所能及的范围，把握好分寸。换句话说，接受自己的"自然"状态，那么"共同分享"的意思就会变得更加清晰，让我们更加了解自己能够接受的范围。

本真的自己与本真的他人,难道不能顺其自然地建立关系吗?

朋友的数量,人脉的多少,就都顺其自然吧。

任何一方都不能擅自决定人际关系的距离。必须是双方在经过相互的磨合之后,才能够找到对于对方来说都合适的距离。

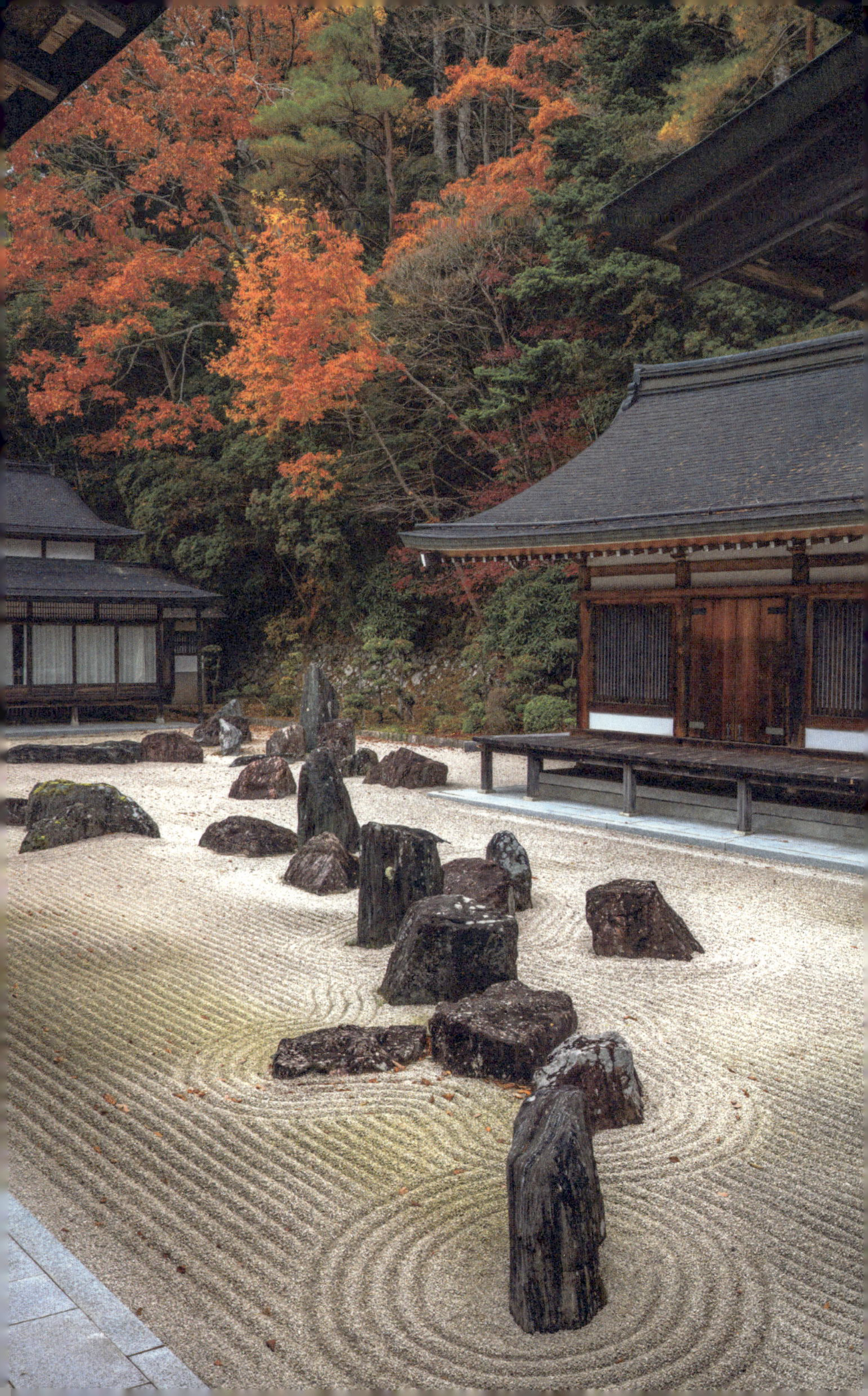

向禅之美五"幽玄"学习
不要害怕沉默

不要光靠语言

你擅长表达,还是擅长倾听?

与其他人交流的时候,即使对方的性格不令人讨厌,也有人会对"见面"与"谈话"本身感到痛苦。

"说什么好呢?""怎么样的回答才更好呢?""必须妙语连珠才行!"如果总是纠结这些,从见面之前就开始为想这想那而伤透脑筋,那可真是太累了。

据说语言交流占人类交流的七成左右。但我却认为即使没有特别高明的语言技巧也没有关系。这么说听起来有点不负责任,但仅仅依靠语言的话,说话的一方和倾听的一方心灵都会感到受拘束。

将心里的想法用语言表达出来的时候,会不会有"总差点什么"的感觉?说得越多,可能距离真正想表达的意思就越远。这样的经验每个人都有过吧。

在建造"禅庭"的时候,"留白"是非常重要的。不能在地面上铺满石子,也不能在狭小的空间内种植树木。

之所以要这样做,是因为什么都不存在的空间,也就是"留白"在构建"禅庭"的印象上起着非常重要的作用。

正因为有了"留白","禅庭"的欣赏者们才能够将自己独有的感受倾注于此。

会话也如此,沉默相当于留白。不要害怕沉默。

有时候事实胜于雄辩,用言语表达不尽的感受,或者可以通过沉默传达给对方。

心灵可以超越语言

最近社交网站上出现了许多失言的情况，引发了网友的热议，成为社会问题。

这就是每个人都可以轻而易举地发送信息的结果，确实是"祸从口出"啊。

用语言表达也有可能会造成损失，希望大家能够认识到这一点。

心与心的交流依靠的不是语言的数量。

如果是完全发自内心的言语，无论数量多么少，也一定能说到对方的心里去。

例如，主人请客吃饭的时候，有的客人会像美食家一样对每道菜逐一点评。但是，想要向主人表示感谢，表达菜做得特别好吃，其实只说一句"谢谢"就够了。或许有人觉得"好不容易给我准备的饭菜，什么也不说有点太不礼貌了"。如果从这些想法出发，即使堆砌美丽辞藻对其赞扬，恐怕也打动不了对方吧。

请不要把话说尽，这也是一种优雅。就算非常担心对方，也不要口无遮拦地什么都说，否则就会使人敬而远之并使人际关系变得生硬。

沉默，只听对方讲话，这种优雅可以让对方乐于倾诉。"他总是能静静地、温柔地听我讲话，感觉什么都可以对他说。"

担心他人摔倒，并不需要对他人的前路指手画脚，说一些"这边有石子、那边有岩石"之类的话，仅仅表达自己担心他并支持他的心情就足够了，之后只要静静地守护即可。如果他摔倒了，就悄悄地过去给予帮助。

只要注意这种交流方式，人际关系就会自始至终都保持温馨与和谐。

"不均齐"可以激发出人的想象力。依靠想象，不同的人能够感受到不同的美。

向禅之美六 "脱俗" 学习

从必须中解脱出来

舍弃所有的执着

用自己的条条框框去要求别人，如果别人超出了这个范围，就会感到对方不协调，埋怨"为什么不那样做呢"或者"那样考虑的话很奇怪"。但是每个人都有自己的想法和看法，价值观不同也是十分正常的。在认可不同价值观的基础上使心灵相通，这才是人际关系的基本。

我来举个例子。火、水以及空气都是人类生活必不可少的。但是，如果火太靠近水的话就会被水浇灭，水如果持续在空气中暴晒的话也会蒸发，而如果缺少空气的话火就没办法持续燃烧。

它们各自都担负着各自的职责，有自己的存在价值。但如果不保持合适的距离，就会互相损害。

什么样的距离才是合适的距离呢？要是明白了这个，现在困扰你的人际关系问题就一定能够得到解决。

在你时间充裕或者心情好的时候，如果有人对你撒娇，你可能会认为她很可爱。但在你忙碌或者心情不爽的时候你则可能会觉得很烦。

任何一方都不能擅自决定人际关系的距离。必须是双方在经过相互的磨合之后，才能够找到对于双方来说都合适的距离。

如果有人总是对你撒娇讨好，可能就会让人产生出一种被其利用的感觉。要是你喜欢对方的话或许就会接受这种方式。但要是你不喜欢对方，就要提高警惕并创造出一个安全的距离。这样一来，即便对方还用相同的方式来与你接触，也会根据你的不同反应而创造出不同的距离。

这就像去理发店理发的时候，有的人不讨厌与理发师近距离接触，有的人则希望能保持一定的距离。日常的人际关系也是如此。

如果与想要接近的人相处得不好，你只能去改变你自己。反省一下：我的心里是否存在什么企图？我有没有过利用对方的想法？我真的是全心全意想着对方而采取行动的吗？首先问问自己的心吧。

如果人际交往带有企图或者期待的话，就不会与他人相处得好。应该改变的地方就去改变。保持一个正确的与对方接触的态度是非常重要的。

互不打扰的距离感

如果想和对方保持距离，你不需要选择逃避，直截了当地表达出来也是一个比较好的处理方法。比如你可以用语言明确地告诉对方，因为"我现在有优先要处理的事情，没有工夫和你纠缠"。

如果身处在同一个职场，或者住在同一个屋檐下，不能靠自己的力量来控制这个距离的话，就要努力去改变自己内心之中对他人的想法。

在人际关系中的"必须"，很有可能只是自己的一厢情愿。"必须赠送中元节礼品，否则会被认为欠缺礼仪""必须送新年贺卡，否则会被认为是一个不懂礼貌的人"……

但是当"必须"成为一种负担和压力的时候，暂时逃离也不失为一个办法。

与不好相处的人交往是件很难的事情，但也不必非要去克服它。如果能够保持充分的距离，就算有一些烦恼，也不会变得特别严重。

如果一定要克服的话，就要改变对他人的看法。即便对方是一个思想顽固、令人讨厌的人，如果能换一种方式去看待他，可能也会看到他拥有不可动摇的意志这一面，从而接受、认可他。

水、火、空气各有各的优势。只要不碰到水，火便不会熄灭。只要不断有空气流入，火也不会熄灭。空气碰到水，会使水面出现难以觉察的波纹。火虽然不能变成水，但可以改变空气与水之间的距离。这些例子，希望能有助于改善你的人际关系。

向禅之美七"静寂"学习
重新获取内心的宁静

不要扩大扰乱内心的不安

总觉得擦身而过的时候被人嘲笑；熟人相聚，好像有人看着这边在说什么坏话；看到别人社交软件上的内容，就感觉是在嘲笑自己……有这种感觉的人或许不在少数吧。

态度冷淡，总是被别人避开，只有自己没被邀请，即使主动搭讪对方也爱答不理，有些人会因此认为自己遭到冷落，感觉是对方嫌弃自己。

但就算觉得自己遭到了嫌弃，也不应该一味地扩大这份不安。首先应该冷静地检查以下几个要点。

你做过什么真正令对方讨厌的事情吗？

你感觉对方处于什么样的状态？

你自己内心的状态出现了什么变化？

例如，你比预计的时间迟到了许多，那么由于你确实做了令人讨厌的事情，遭到嫌弃的原因就很清楚了。借的东西一直不还，不小心将对方喜欢的服装弄脏了……这些都是可能导致自己遭到嫌弃的原因。但正所谓人无完人，因为犯错而被人讨厌也是很正常的。只要清楚了原因，自然也就知道应该如何补救。首先带着诚意道歉，然后认真思考补救措施，应该就可以恢复良好的关系。

那么在不知道原因的情况下该怎么办呢？

"虽然不知道为什么被嫌弃，但是总感觉被嫌弃了"，这可能更令人感到困惑。正因为不知道原因，才会有一丝不安，想着"做了什么不好的事吗""有伤害他人的举动吗"。如不采取具体的行动去修复关系，恐怕关系就会逐渐疏远了。这反而又会加重你的不安。

将妄想扔进垃圾箱，让心灵归于平静

无论是在生活还是在工作之中，沉浸于根本不存在的幻想之中的情况十分常见。可能并没有人讨厌你，只是你在自寻烦恼，认为自己不被他人喜欢。

这就是所谓的妄想，常常会使人深陷于麻烦之中。如果总是觉得"可能别人讨厌我"，不安感就会像滚雪球似的越滚越大，又会滋长出更多的不安。

如果不及时阻止这种妄想，精神就会变得越来越差。心灵失去平静的话，面对他人时就会烦闷焦躁。这是一种被妄想所折磨的状态。这样下去的话，人际关系也会受到影响，变得生硬。

冷静下来好好思考自己有没有错误固然十分重要，但如果思考后仍旧毫无线索，就要把它看作是"妄想"，然后断然舍弃。

问一问对方自己是否犯了错误也是一个方法。

"我是不是做了什么让你不高兴的事情？"

"要是我做了什么伤害你的事情，我想向你道歉……"

像这样坦率地面对对方，就能找到解决的办法。如果只是一味地等待而不采取行动的话，或许就会失去与重要的人之间的联系。

而且，在内心充满不安的情况下也很难做出准确的判断。扔掉毫无根据的不安与妄想，将时间花在思考如何修复关系上岂不更好？

当然也有导致人际关系不好的原因出在对方身上的情况。例如，在晋级考试中自己合格了而同事没有合格；两个人都很喜欢的东西，自己由于努力存钱买了下来，而对方还是买不起。在这些情况下，对方就会说一些尖酸刻薄的话，羡慕与嫉妒会让心灵蒙尘，使人做出错误的判断，扭曲地看待事物。如果是对方的心灵出现扭曲，那我们除了等待云开见月明，别无他法。

人际关系一旦出现问题，心灵就会被扰乱。但迷乱的心无法找到正确的解决方法。我们只能花些时间等待心灵归于平静，然后再去处理吧。

第二章 探寻人际关系本质的四个步骤

每个人都期待令人愉悦的人际关系,带来这种愉悦或者破坏这种愉悦的正是相互之间的距离感。着眼于距离感,通过调节距离感,就能够解决人们九成的烦恼。

向建造"禅庭"学习建立人际关系

我在序章中提到过建造"禅庭"与建立人际关系有很多共通点。在本章中我将继续就这个话题进行深入的探讨。

首先,从结论说起,我认为在建造"禅庭"上最重要的是"距离感"。

"禅庭"使用的素材极为简单,有砾石、白砂、绿植、水……我需要将全部精力放在如何放置这些素材上。仅仅依靠砾石彼此间的位置关系,也就是距离感这一点,就可以使"禅庭"变成另外一番模样。如果素材放置过近,景色就会显得拘谨,无法起到使欣赏者心情开阔的作用。相反,如果距离放置太远,就会使景色变得冗长,会失去"禅庭"中极其重要的紧张感。

砾石与绿植、绿植与流动的水等,首先要确定的就是所有素材的距离感。"禅庭"可以使人感到心境放松、平和、宁静，也能展示出令人心旷神怡的景色。

在这点上可以说与人际关系是一致的。每个人都期待令人愉悦的人际关系，带来这种愉悦或者破坏这种愉悦的正是相互之间的距离感。

"被别人如此深入地探视内心，感到非常痛苦。"

如果距离过近的话，就会出现这种问题；而过远的话又感觉不到心灵之间的交流。

当然也存在这种情况："我和他已经认识了这么久，还是总被当作客人对待。希望更加没有隔阂的交往……"

距离感决定了人际关系的状态。但很意外的是，绝大多数的人似乎都没有意识到这一点。如果意识不到距离感的重要性，就会对人际关系感到困惑、烦恼、痛苦。换句话说，着眼于距离感，通过调节距离感，就能够解决人们九成的烦恼。为此，在本章中，我将给大家介绍必要的、具体的达成方法。

步骤一　首先要了解自己

了解本质，读懂地心

人际关系是由"自己"和"他人"共同组成的，因此要想把握合适的距离，就不能一味只考虑对方的言行，更要把握自己是什么样的人。甚至可以说，要是不了解自己，就没法准确地把握距离感。

你了解自己吗？我认为了解或不了解实际上都是相对于自己来说的。

在建造"禅庭"之前，首先要准确地分析地块，就是了解地块的属性。比如大多数的西洋庭园地势都比较平坦，建造者可以采取画家创作图画一样的手法，因此不太需要考虑地块的特性。

但"禅庭"的地块比较复杂。比如倾斜的地块，就需要考

065

虑如何利用这种倾斜。地块中有古树的话，也要考虑如何将它们保留在设计中。地块的特性是自然历经岁月选择的结果，我们应该去表现这个特性，而非人为地改变它。

禅宗里面有"与自然共生"的思考方式。

了解地块的特性被称为"读懂地心"，了解自己与此一样。性格、气质、言行的特点、优点、缺点……要想"读懂"自己，必须把握这些本质的特点。

在高度信息化、追求快速高效的现代化社会，每个人都为了生活而疲于奔命，能停下脚步仔细认真地去审视自己的人越来越少了吧。

也就是说，不了解自己与在人际关系中总是不够圆融、感觉到压力、容易被别人所左右这些问题之间存在着很大的关系。

正因为处于这样的时代，我们才更需要重新站在了解自己是建立人际关系的基础这个出发点上。这也是我最初想要表达的意思。

从多方面看待自己

在需要了解地块的时候,我不仅需要全面观察地块的内部情况,也会走出去,从外面进行考察。如果近处有高楼的话,我还会登上高楼来观察这块地,这样就可以了解到在地块内部了解不到的东西。

这个方法也可以用于认识自己。我希望大家一定要利用这个方法来认识自己,因为人一旦认为"自己有这样的倾向"就很难从中跳脱出来。也就是说,容易片面地看待自己。

如果你认为自己是个"好动肝火"的人,大概会把这个倾向看成是自己的缺点。但是,如果能够从外部的角度来查证一下自己生气时的状况,也许会看到另外的一面。

"我总是对一些不合常理的事情发怒,比如没有条理的发言、无耻的行为、任性的想法……这些事情都会使自己变得易怒焦躁。"

如果是这样的话,与无端生气那种单纯的性情急躁是不同的。这是重视规矩、正义感强的表现。可以说你之所以生气,是因为你的性格非常正义。

这是缺点么？这不是缺点吧，甚至可以说是优点的资质与特性。

还有的人认为"自己很难对事物进行判断"。单纯从这点来看的话，这个人大概是一个缺乏判断力和决断力的人；但是转换一下视角，也许会发现其实他是对于任何事情都比较慎重，做判断之前要仔细考虑的人。

举一反三。要想真正地了解自己，需要从各个方面、多个角度来看待自己。

还有一个认识自己的诀窍。我们每个人都有许许多多的人际关系。在这些关系中，有让你感到舒服的，也会有让人感到讨厌的。

如果与某人谈话使你感觉到特别愉快，那就试着去寻找一下原因。令人感到愉快的，可能是对方的某一句话，也可能是对方无意识的一个动作。

"无论什么时候他都会对我的话做出回应，感觉自己被认可，非常开心。"

"每次见面或分别的时候，她都会深深地向我鞠上一躬，就好像她每次都在感谢我让她度过了快乐的时光。"

前者对应的细节犹如拨动琴弦,后者的礼貌则令人感动。

当然了,有人认为"对每句话都做出回应很麻烦,只喜欢默默倾听";也有人认为"过多的烦琐礼仪有种'无事献殷勤'的感觉,只要说一句'再见',心情就很好了"。

所以,只有找到令自己感到舒服愉悦的东西,才能了解自己的倾向。

如果有人让你感觉"很讨厌",道理也是一样的。有人喜欢对方使用礼貌的语言方式,有人则觉得这样假惺惺地令人讨厌。相反,即使是粗鲁生硬的行为,也并不是所有的人都认为它不好。有人就觉得"爽快一点心情更好""表里如一才值得信任"。

这也显示了自己的倾向。

那么,请大家也运用建造"禅庭"的方法来审视一下自己吧。

与本来的自己相遇的方法

因为我是禅僧,虽然平时没有修行的时候那么严格,但也会遵照禅宗教义来生活。这对我读懂"禅庭"地心这方面起了很大的作用。

禅的生活能使人的心灵变得十分沉静,而且,自己的感受力也会变得越来越敏锐。如果在心烦意乱的时候,即使面向地块,也不可能读懂地心。

只要内心宁静,并且处于敏锐的状态下的话,就相当于在坐禅。众所周知,坐禅需要双手合十,双腿盘坐。这种姿势就没有所谓的左右之分了,也就是说没有"这边是右手(右脚)""这边是左手(左脚)"之类的区别。

当没有所谓的区分之后,心灵就会变得澄净,澄净的心灵无论在哪里都会非常宁静、敏锐。

在禅宗里,我们叫它"本来的自己"或是"佛性"。简单来说就是"身心成为一体,融入宇宙"。在这种状态下,意识不到时间的流逝,甚至连坐禅本身都会忘记。

置身于"禅庭"的地块，我常常提醒自己要将心灵置于这种状态，只有这样，才能和大地融为一体。融为一体后才能感受到大地的心灵。

在认识自己方面，聚精会神地审视自己十分重要。从短的时间跨度来讲，你是如何度过一天的？再扩展一点跨度，这一周你是如何度过的？这一个月你又是如何度过的呢？从长期的时间跨度来看，这一年你是以何种方式度过的呢？

我认为要想正确地审视这些，必不可少的就是宁静和敏锐的心灵。

正如我刚才所说，坐禅，然后梳理自己的心灵是最好的方法。可也有很多人不懂得如何坐禅。我给大家推荐一个方法，那就是睡前确保三十分钟的安静时间。

关键在于"心情愉悦"。做一些能让自己真正感到心情愉悦的事情来度过这三十分钟吧。

听听自己喜欢的安静一点的音乐，点燃能让自己沉静下来的香薰。

翻阅能够洗涤人心灵的诗集，欣赏能够让人神清气爽的画册。

这些都是很好的选择。

只需要三十分钟，就能感到"哎呀，心情真愉快啊"。这非常重要。这样的时间与坐禅有异曲同工之妙，可以使心灵达到宁静、敏锐的状态。要想认识自己，没有比这更好的环境了。

将三十分钟内的最后五分钟（或者是十分钟）留下来用于审视自己。即使在一天中有由于工作或者人际关系令人感到压力的事情，也要留下一段安静的时间，这样就可以使意识从中摆脱出来，让自己不受压力的牵绊。

而且，放松的状态可以提高人的注意力，使人在短时间内了解自己。

试着在睡前养成"三十分钟的仪式"这个习惯。这样，迷失自我，错误判断自己的发生概率就会大幅降低，自我也会越来越清晰，这样就可以在不迷失自我的状态下生活下去。

不迷失自我。当然，即使在建立人际关系方面，为了能够不被他人所左右，不迷失自我也是非常重要的事情。

确定自己的核心

可以说"禅庭"之美的源泉在于所有素材都保持了恰当的距离，从而构成一种绝妙的和谐。即使每个素材都非常重要并且不可缺少，在"禅庭"所表现的世界里仍然存在着自己的中心。

例如砾石（石组）。确定以砾石为中心后，它与其他素材的距离以及朝向就能够确定，并且变得非常清晰了。不仅限于砾石，也有以灯笼、绿植为中心的时候，或者以瀑布的水流为中心的时候，无论何种情况，确定中心是非常重要的。

你能够确定自己的核心吗？

或许很多人从来没想过这个问题。

我是这么认为的：人们带着烦恼、困惑的迷茫度过每一天的生活，当这些问题愈加严重的时候，忽然想要回归心灵场所。只要回到那里，烦恼就会被吹散，困惑也将消失，迷茫也不复存在……那就是自己的核心所在。

也许与信念、价值观类似。我想每个人都会因为应该行动还是应该等待而烦恼过。在这种时候，只要拥有不可动摇的信念，就可以依照信念去做出判断。

有时候我们也会有这样的困惑：不知道应该和那个人更深入地交流还是保持距离。这个时候，只要有确定的价值观，自然就会知道如何选择。

例如，你的原则是"不能做卑鄙的事"（持有这种信念），它就成了你自己的行动规范以及自己的人生准则。即使是涉及自己的利益，你也会毫不迟疑地得出这个结论。

人有的时候容易患得患失，如果能摆脱这种困扰，生活就会变得简单起来。

众所周知，苹果公司的创始人之一史蒂夫·乔布斯从不进行市场调研。即使为了开发出热销产品，市场调研是非常必要的，甚至可以说是常识；但乔布斯也并不在意，一直坚持做自己想做的东西。

做自己想做的东西，这就是他的核心（信念、价值观）。虽然苹果公司不断向市场推出热销产品，但他们并没有去开发迎合流行的东西。这使得一直立足于自己核心的乔布斯以及乔布斯开发出来的产品被世界所接受。

只有在认识自己、审视自己中才能发现自己的核心。对这一点千万不能懈怠。还有一点务必牢记于心：坚守自己的核心进行生活，一是为了这个世界，二是为了个人，这两条是确定核心的过滤器。只要能穿过这个过滤器的话，它毫无疑问就是自己的核心。

步骤二　重新整理对交往的认识

将"改善要素"与"阻碍要素"分开思考

建造"禅庭"的地块多种多样。没有完全相同的地块。而且，无论何种地块都存在着自己的优缺点。在设计方面，基本的思路就是尽可能地扬长避短，即尽可能地放大优点，减少或消除缺点。

后者可能更难一些，因此我将缺点分成两种来考虑。首先是改善要素，就是能够通过加工使其变成令人意识不到的缺点。另外一个是阻碍要素，指无论做多大努力都改变不了的缺点。

举例来说，地块上映入眼帘的电线杆、高楼群都可以看作改善要素。虽然它们是留下来会影响景观的"麻烦"，但是如果在它们前面栽上高大的树木的话，这个缺点就可以被改善。

而如果地块的附近有一条大马路，总是连续不断地传来车辆的噪声，这种环境就属于阻碍要素，无论通过什么手段都消除不了车辆的噪声。

但也并不是完全没有办法。例如在地块内部砌墙并设计流水。在这种环境下，水声可以令人忽略噪声，起到舒缓的作用。

设计瀑布、构建水流的方法也具有相同的作用。如果遇到阻碍要素，绝对不能轻言放弃，哪怕只能改善一点，也要朝着这个方向努力设计，这才是"枡野流"。

与地块一样，人也有自己的优点和缺点。世界上并不存在毫无缺点、十全十美的人。即使有的话，这种人也缺乏人情味，是个无趣的人。

谁都是只愿意接受他人的优点，很难接受他人的缺点。这就是人际关系。因此，首先发现优点，这是构建良好人际关系的关键。温和，豁达，善于照顾人，愿意替人着想……如果能从他人身上找到这些优点，就会增加亲切感，内心的藩篱也会马上随之消除。这样就能够顺利地、积极地构建人际关系。

问题在于缺点。这里我们不妨也将其分为改善要素与阻碍要素两个因素来分别进行思考。朋友这种私人关系，本来就是建立在相互认可对方优点，包容对方缺点基础之上的，所以没必要刻意去关注对方的缺点。我们也不会和那些不允许对方有缺点的人交朋友吧。

另一方面，像妈妈群和工作关系之类的官方关系，由于不可能彻底切断，那么如何接受对方的缺点就成为一个需要解决的问题了。

例如，在工作中经常会遇到上司迟迟不给回复的情况。即便将方案提交上去，还是迟迟没有得到答复，这样的上司很常见吧。这就是改善要素。上司本身有自己的工作节奏，可能并没有觉得自己回复晚了。所以，当你递交方案的时候可以先说出"课长，如果能在某日之前给我答复，就非常感谢您了"这样的话，那么改善的可能性就非常大。

而不管怎么想都完全合不来，个性特别不好的人就容易成为阻碍要素。人的脾气、个性各不相同，其中可能就会有这种人。

在这种情况下，保持距离，只保持最小限度的事务性的交往就可以了。犹如水和油是不可能交融在一起的，尽量减少接触才是良策。

像妈妈群这种关系的话，孩子一旦转学，与对方的关系就会变化。而且在企业里也会有人事变动，同事间的上下级关系并不是一直不变的。做到"君子之交淡如水"就能够舒缓精神上的压力。

避免先入为主的人际观察

第一印象非常重要，第一次见面时直觉感受到的东西，八九不离十是正确的，但如果局限于此的话也未免有失偏颇。

有些"禅庭"的地块就会给人留下不好的"第一印象"。

比如感觉"那棵树的枝叶有一些碍事啊"。

如果被"枝叶碍事"的第一印象束缚住，就很难再从其他的角度做出判断。所以在这种时候我不会有"将多余的枝叶剪掉吧"的想法。等换个时间，站在相同的位置上，可能就会有意想不到的发现。比如傍晚时分，夕阳的光线穿过枝叶，大地上出现枝叶绰约的倒影，这反而构成了一幅非常美丽的景象。

原本被认为是多余的枝叶反而赋予了"禅庭"另一种光影之美，

成了绝佳的素材。但要是摆脱不了"枝叶碍事"这种先入为主的观点,就不会有这个发现。因此,不要被先入为主的观点束缚,只要仔细观察,就会有新的发现。

了解一个人也是同样的道理。先入为主是非常可怕的。

"总感觉那个人一副生气的样子,不太好相处啊!"这种先入为主的观点会成为片面看待对方的基础。

结果就是,你只会关注这个人不好相处的语言和行为,甚至演变成"你们看,我说他就是不好相处吧"。

这个人即使身上有一些难以接近的地方,但人都是多面的,那也只不过是他众多性格中的一面而已。

实际上,人的性格是多面的,他本身既然有难以接近的这种性格,就一定会存在能够弥补这一性格的比较好的另一面。

想要发现好的一面,就需要细心观察,而最妨碍观察的就是先入为主的观点。清除先入为主的观点进行观察,就会有新的发现。

"原来他是一个善于照顾他人的人啊!"
"他竟然是如此风趣幽默的一个人啊!"
"其实他只是想要掩饰自己害羞的一面而已!"
……

如果有这种发现,就说明你已经发现他的多面性了。

当然,反之也一样。你会发现,即使你喜欢的人也会有令人讨厌的一面。但这也是这个人真实的一部分,没办法,只能接受。

人们容易带着先入为主的观点或者深信不疑的偏见去观察别人,不可否认,这是使人际关系变得复杂的原因之一。判断一个人本来就不应该如此轻率。

反复观察之后,再去判断一个人也不迟。

整理关系,去掉多余的事物

与"广而浅"相比,我更希望"少而深"。当然,对于与人交往,每个人的看法都不尽相同,也会有人认为"广而浅"更好。

那么我就以这个为前提来谈一谈人际交往吧。

"泛泛之交"这种人际关系的典型代表就是社交软件上的关系。实际上，在智能手机的 Line 软件中，有几十个甚至上百个好友的人也不少吧。

与这些"朋友"沟通交流是非常辛苦的。收到信息后，必须马上回信息。只是"已读"却没有回复的话就会招致对方的不满，如果反复这样，就很容易被移出朋友圈。

而且，在 Facebook 以及 Instagram 上面，为了显示自己的存在感，就需要经常发状态，还必须是能够收到很多点赞的那种状态（一种强迫症）。但实际上，在日常生活中自己对此并没有多大的兴趣，结果在网络上就变成了一种奇怪的表演。

那么，我们在社交软件上花去了多少时间呢？应该不只是碎片时间吧。

我们有限的人生，被社交软件占用了很大比例的时间。

有不少人在电车上仍然目不转睛地盯着手机画面，玩 Line 或者 Facebook。据说还有人回家后仍然手不离机，就连睡觉的时候也把手机放在枕边。

社交软件确实是非常方便的通信工具，但使用它的前提是自己作为主动方。而我看到很多人都被社交软件所主导，反而受其支配。

请仔细思考一下：在社交软件上建立的人际关系是"真实的"吗？你能够通过社交软件将自己最真实的情感和想法传达给对方吗？在社交软件上能够进行心灵的交流吗？

可能我说得过于严厉，但这"只是一种表面的交流"，这就是我对于不够真实的"网友"的评价。

如果你也觉得"被他人所左右，感觉身心俱疲"，不妨沉下心来将社交软件上面的朋友重新清理一下。收到信息不及时回复显得很没礼貌，因此马上回复。没什么事做的时候，不知不觉地就会按照平时的习惯来发朋友圈。想要得到周围人的回应，为了引起其他人的注意，发送能引人注意的状态……

要是停止上述行为，朋友圈就会被简化。

建造"禅庭"的基本思路之一就是去繁就简。

去掉、消除多余的东西。

而且，只有削减到不能再削减，没有任何多余的事物可去掉的时候，才算是"禅庭"。

被世界遗产收录的京都龙安寺的石庭，仅由十五块砾石构成。不难想象作者在其精神世界中重复进行了多少次削减的作业，最终才呈现出如此极致的美感。

这样建造出的"禅庭"，虽然各处都很简朴，但却能让人感到无限的延展以及纵深。也就是说，正是由于它的"简素"，才无论什么时候欣赏都不会觉得腻。

我认为人际关系也应该进行简化，只保留真正重要的、无可替代的东西。

深入的精神交流只能诞生于这种关系中。

当然，我不是让大家在交流时完全不使用社交软件。社交软件能让我们随时随地和想要见面的人取得联系，有时候通过网络来交流也是个不错的方法和手段。但我想要提醒大家的是，现在社交软件已经成为人们交际的主要手段，人和工具之间的主从关系正在颠倒。

在第一章中我介绍过一句禅语"面授",意思是面对面传达心意非常重要,说它是最原始的交流,大家应该没有异议吧。

从过于偏重便利性的现状回到"本来"的重心,我认为这才是当务之急。只有这样,人际关系才能够变得简单而深入。

与家人合不来,与其他人也不会合得来

最基本的人际关系,不用说一定是家庭。

但当今时代,也有不少人认为自己的家庭关系已经崩溃。

过去,一家人在早晨碰面的时候会说"早上好"来打招呼,并坐在餐桌边一起吃早餐,一边吃早餐一边聊聊各自的近况。

但这种家庭状态,随着时代的发展已经发生了很大的变化。很多家庭的成员很久都没有认真地互相问好,吃饭的时间与饭菜的样式也都各不相同。

而且即使全家人在一起吃饭，各自吃不同菜品的"个食"情况也越来越多。比如父母吃和食，旁边的女儿只吃水果和沙拉。

有一份社会调查报告显示，针对儿童自己一个人吃早餐这个问题，回答"频繁"和"有时候"的小学生有 60.3%，中学生有 70.9%（《关于成人食育调查》，Life Net 生命保险公司，2013 年）我想即使地域之间存在差异，这个严重的问题还是存在的。虽然时代发生了变化，家人们也都有自己的事情，但一家人各忙各的已经是不可否认的现实。

最基本的人际关系已经开始瓦解。

我认为这种状况是非常危险的。人首先要在与家人的接触中学习长幼有序，也就是我们所说的尊老爱幼。父母与子女之间要学习互相体谅，彼此珍视。

禅语中有个词叫作"露"。意思是什么都不隐瞒，所有事情都直截了当。家人之间就应当保持"露"的状态，也就是说从社会的立场脱离出来，展示"本来的自己"，这才是家人之间最应该有的状态。

甚至可以说，如果缺少了与家人接触的过程，那么就失去了学习与成长的场所，同时也失去了展示真实自己的时间。

回归家庭，是现代社会一个非常重要的课题。

至于解决方法，我以前就倡导过：一周要保证一次与家人一起用餐。家庭成员们只靠想"总得做点什么"是不够的，必须付诸行动才行。

例如，将周末的某一天规定为家庭聚餐日。只要将它作为规则规定下来，大家就都会为此而腾出时间。

一开始或许会有人感觉不太自然，但彼此之间都是家人，只要坚持下去，就能够互相分享许多话题。到那时，家庭成员们就能够互相交流各自的想法和正在做的事情，实现"信息共享"。

随着接触时间的增多，家人之间会对彼此形成新的认识，重新了解对方，在与彼此的相处中自然而然会流露出真实的自己。东日本大地震发生以后，"牵绊"这个词经常被提起。我认为牵绊是在与真实的自己互相接触与结合中产生出来的。

真实的自己在建造"禅庭"中也十分重要。在进行造庭工作之前，当然要进行设计，画设计图，但实际到现场的时候我却从不会带这些东西。

因为在现场的时候要去表现的是在此空间内自己的感受，只要将全部精力都倾注于此即可。刻意的作为就是对此的妨碍。也就是说一旦出现"要那样造庭""要让欣赏的人感动"之类的想法，某种类型的"臭气"就会弥漫在庭院中。

在造庭的时候，我经常提醒自己不能刻意而为，而应该以本来的自己去面对空间。

人际关系也一样，有刻意的成分就不能说是真实。

"要是和这个人交往的话，可能会得到一些利益。"
"那个人连自己的利益都争取不来，还是不要和他交往了！"
……

如果有这种想法的话，人际关系就充满了功利的色彩。

首先，用真实的自己面对家人。

其次，与其他人之间也不要有刻意的想法。这才是能够建立起真实人际关系的要诀。

步骤三　确定真正需要的信息

"孤独"与"寂寞"是不同的

现代人，尤其是年轻的一代，很喜欢成为某个集团内部的一员。用"喜欢"这个词可能不太准确。"隶属于某个组织或集团能够让他们更安心"，这个说法可能更准确一些。

的确，人们有想要归属于某个集团的需求，在美国心理学家亚伯拉罕·马斯洛提出的"需求五层次理论"中，"社会需求（归属需求）"就位于第三层次。

想要成为组织中的一员，想要拥有伙伴，这可以说是人的"本性"。现在任何人都能轻而易举地在社交软件上交到朋友，但这种现代的交往方式所形成的并非具有凝聚力的集团，而只是单纯地聚集在一起的群体，伙伴意识相对比较淡薄。

如果你深陷困境，向通过社交软件认识的朋友求助的话，会有几个人真心回应并出手相助呢？

即使好友有上百人，能伸出援手的可能不过一两人，甚至有可能一个人都没有。一到关键时刻，就暴露了关系的薄弱性。可以说这就是该群体的实质。

人类之所以群居，理由非常清楚，即一个人会感到不安，脱离群体会感到孤独或是寂寞。

可能会有人因此得出"孤独（一人）= 寂寞"的公式，但我却有不同的看法。我认为孤独和寂寞是两回事。释迦牟尼有句话对此做了非常完美的诠释。

应如犀牛角而任独行。

孤独并不是一件坏事，不管是确立自我，还是找寻自己前进的方向，都需要孤独的帮助。总是在群体中互相依靠，怎么能够确立自我？如若无法确立自我，又怎么知道自己想要过什么样的人生呢？

我认为一个人只有在安静度过的孤独时间里，才能形成自我并且确立自我，并且真挚地面对自己的人生和使命。这种孤独真的是寂寞吗？

审视自己是否脚踏实地，任由自己的思绪驰骋，这样的时间让人感觉非常充实。而能够充实地度过一段时间就不能说是寂寞。

构成"禅庭"的素材具有共通的特点。每种素材都具有其本身特有的存在感。砾石是砾石，树是树，白砂是白砂，它们各自都发挥着自己重要的作用。

通过将自成一派的各种素材放置在同一个空间下，可以产生相乘效应，营造出统一感；或者是互相融合，构成一个崭新的"禅庭"世界。

人际关系也是以确立自我（具有存在感）为前提的。

在建立良好人际关系的过程中，彼此确立自我是非常重要的。

如果做不到确立自我，就只能是一方依赖或依存于另一方的关系。这显然是一种畸形的关系。

因此我们不应安逸地聚集在一起，而应该在充实的孤独的时间中充分地发现并确立自我。

停止一切比较

有句俗语叫"别人家的草坪更绿"。意思是站在自家院子里眺望邻居的庭园，总觉得邻居家的草坪更绿更美。

也就是说，即使是相同的东西，别人的东西也怎么看都是好的。

这与羡慕、嫉妒、自卑以及自我否定有关系。

"能住在拥有那么漂亮的草地的房子里，真的让人羡慕啊！"（嫉妒）
"和邻居比起来，只能住在这种有破旧草坪的房子里，自己好不甘心啊！"（自卑）

类似的情况十分常见。大学同学任职公司的待遇更高，同期进公司的同事总能被派去做更好的工作，闺蜜的男朋友比自己的更出色……要是这样一个一个地比较下去，永远也没有尽头。

为什么会这样呢？答案非常简单，就是由于比较。

将自己的境遇和状况与他人比较，就会生出许多无谓的心思。

禅宗里有一条戒律就是"不比较"。

我虽然建造了很多"禅庭"，却从来没有将自己的作品与其他任何人的作品进行过比较。不仅如此，我也不会将自己的作品互相比较。

"这次的作品与之前的作品相比，完成得更好吗？"

这种想法本身就是不对的。"禅庭"是当时自己心境的体现。自己的心态和心境都如实地在"禅庭"里表现了出来。

因此，即使在相同的地块上使用相同的素材，也不会建成相同的"禅庭"。建造"禅庭"时心态、心境各有差异，作为其体现的"禅庭"也必不相同。这是理所当然的。

将那一瞬间的自己最大限度地投身于"禅庭"这个空间里，并为此倾尽全力，如此建造出来的"禅庭"是独一无二的，这个"禅庭"就是当时那一瞬间的自我最真实的体现，根本没有任何与他者进行比较的余地。

比较究竟有什么意义呢？

与公司里待遇更好的朋友进行比较，就能让自己的待遇提高吗？拿自己的工作与同事的工作相比，自己就能分到更好的工作吗？将自己的恋人与朋友的恋人相比，会收获更好的恋情吗？

无论哪个，答案都是否定的吧。

比较既不能改变自身，也不会使境遇和状况好转。

让自己陷入羡慕、嫉妒、自卑以及自我否定这些负面情绪里，只会徒增烦恼罢了。

当然，这些想法也会使人际关系变得复杂而扭曲。

比较的对象不仅仅是特定的人。在这个信息泛滥且不断更新的时代里，就连那些信息中提到的实体不确定的东西也成了比较的对象。

"三十多岁的商务人士都住在这么舒适的公寓里!"
"成熟女性必备的名牌!"

要是接触到这些信息,心里难免会起波澜。不由自主地将信息中提到的舒适公寓与自己住的谈不上舒适的公寓一比较,心情就会变得非常低落。如果没有"必备的名牌",也会觉得自己很悲惨吧。

但是,这类信息其实是商业主义战略链条上的一环,是为商业主义战略服务的,仔细想来根本就不正确。三十多岁的商务人士都应该居住那么舒适的公寓吗?当然不是。至于"必备的名牌"更是毫无根据。

要是被这种信息吞噬的话,就不可能从比较的旋涡中挣脱出来了,所以我们必须有屏蔽无用信息的能力和态度。

无论在工作中还是在生活中,自己真正需要的信息非常有限,只要积极地去获取这些有用的信息即可,如果是自己真正需要的信息,就要认真仔细地去分辨信息的真伪,这样才能获得合适的信息。

至于除此之外的信息,只要左耳进右耳出即可,完全没必要去仔细了解那些接连不断获取到的信息。

现在有个词叫"手机中毒"，如今想要接入互联网简直可以说是易如反掌。人们只要有时间，就会用智能手机上网浏览信息，这就相当于让信息捆绑了自己。应该改掉这种习惯。感觉自己有点"手机中毒"的人，就不要把手机放在口袋里，如果不能很轻松地取出使用，那使用的频率也会减少很多吧。

此外，与他人相关的信息也需要格外警惕。

一个人随意搜索他人的信息，就是为了能更容易谈论他人的闲话。

"他是个想要出人头地的家伙！"
"她的私生活好混乱啊！"
"那个人看着诚实，实际上精于算计啊！"
……

像这样随意地给别人贴标签。

这类信息基本都没有任何意义，要想认清别人是什么样的人，只能依靠自己的眼睛和感受。

在实际的见面、谈话和观察他的行为中进行判断，与别人给他贴什么样的标签是没有关系的。传言并不意味着真相。只有用自己的眼睛看到的确定的事情才是真实的，这才是正确判断他人的方法，请好好地铭记于心。

不要多说话

最近，有人找我倾诉，说他觉得"沉默是很可怕的事情"，因此而非常苦恼。大家可能也有过这种感受吧。

或许导致这种烦恼的原因在于对周围的过激反应，总认为"如果不继续话题会被别人讨厌""冷场的话，会被认为是个无聊的人"。

对于这些过于在乎别人看法的人，我想送给你们一句禅语："不立文字。"意思是真正重要的事情并不靠语言和文字来传达，而是心灵之间的交流。

这并不意味着禅宗不重视语言。语言固然非常重要，禅宗也要求礼貌地使用语言。但这句禅语告诉我们，有时即便穷尽语言，仍然有表达不出来的事情。禅的主张与领悟正在于此。

并不是只有语言才能实现人与人之间的交流，无言的交流也是存在的。你是否有过这样的经历：从朋友突然欲言又止的沉默中感受到深深的悲伤。

或者，恋人什么都不用说，就能让你感受到掩饰不住的体贴与关心。

超越语言的交流是确确实实存在着的。

那么，在"禅庭"中最重要的素材是什么呢？

砂石、绿植当然都很重要。但却有一个与它们相同，或者说比它们更不可或缺的素材，那就是什么都不存在的空间，也就是"留白"。

如果缺少留白，"禅庭"凛冽的姿态、静谧的空气以及令人愉悦的紧张感等等就都难以表现出来。而且，类似"这座'禅庭'想要表达什么样的世界""作者是以何种意图来建造这座'禅庭'的呢"这些启发欣赏者想象力的源泉正是留白。

可以说"禅庭"极大地借助了留白的表现力。

其他也有可以证明这种表现力的事例。比如在动中，相当于留白的是不动的瞬间，也就是所说的"间"。众所周知，能剧与歌舞剧都非常重视"间"。

能剧的特征是整个剧目中拥有非常丰富的动作，但从一个动作转向另一动作的时候，有一瞬间的定格。这个定格增加了舞台的紧张感。表演者静止的瞬间，观众屏住呼吸，集中全部精力凝视舞台，想象下一个动作。紧张的气氛控制了整个剧场。"间"中就蕴含着如此丰富的表现力。

语言交流中的留白与静止就是沉默。

前面举了一些例子，说明沉默里蕴含着丰富的表现力。这是交流中必不可少的表现手法。

大家在使用语言来表达自己的想法时，是否有过"总感觉有点不一样""真实的想法不是这样的"之类的经验呢？此时，不妨试试利用沉默的表现力吧。

日本人自古以来就有揣摩对方的想法以及内心的文化传统。我也听说年轻一代会觉得沉默是非常恐怖的事情,因此不断地寻找话题。但长期继承下来的传统绝不会被如此简单地丢弃。

"揣摩"这种传统文化的 DNA 一定会被年轻人所继承。现在也许在沉睡,但有朝一日必定会觉醒。

因此,我们必须意识到沉默具有的意义,并努力从中汲取经验。如果坚持努力汲取经验,就会懂得沉默并非"语言的空白",而是包含着更加丰富的意义。

掌握语言之外的表达方式,能够使交流变得更加丰富。这样也能使人际关系变得更加丰富、深入,甚至多彩。

步骤四　认真虚心对待每一个人

主动体验集体生活

过去，孩子们放学后就一起在外面玩耍。在这个集体内，各个年龄的孩子都有。这些不同年龄的孩子能够在一起玩耍的过程中学习与人交往的基础。比如年纪大一点的孩子要带领大家，偏小一点的孩子则需要被照顾。我的少年时期也存在着这样的记忆。

但是现在，孩子们在一起玩耍的时间变得越来越少，放学后就要去补课班。也不是说一点儿玩的时间都没有，不过现在的孩子大都是一个人打游戏。

加入足球队或棒球队的孩子们倒是有机会体验集体生活，但那也只是少数的孩子罢了。

而且，这个问题不仅出现在孩子们身上。

随着少子、高龄化现象日益严重，社会上开始出现有病了无人看护，去世时没人发现的孤独死问题，甚至出现了"无缘社会"这种说法。凭借网络的飞速发展，一个人生活变得更加容易，这就使血缘、地缘、社缘的联系越来越薄弱，共同体逐渐瓦解。

我想这种现实也是导致很多人对人际关系感到苦恼的一个间接原因。

集体生活是学习人际关系中所需知识的最好的训练场。

禅修正是如此。云水（禅寺的修行僧）在修行期间，需要和大家一起就寝、起床，进行严格的修行。当然，由于有师父以及师兄在场，还必须要考虑上下级关系。

在经过这种生活后，人自然能够掌握有规律的人际关系的核心，形成与同期（也叫同安居）的云水互相支持的关系。

人的资质各不相同。例如，记忆经文有记得好的，也有记得不好的；坐禅有领悟快的人，也有领悟慢的人。

对于那些领悟慢的人，大家一起陪他复习，共同解决问题。这样一来，同期云水之间的关系就变得非常深厚。事实上我现在很少有机会和同期的云水碰面，但是只要见面就会感觉非常融洽，相互之间能够一直维持这种肝胆相照的关系。我想这就是集体生活最大的作用吧。

因此，我有一个建议，希望大家可以去乡村体验一次集体生活。农村也好，渔村也好，林区也可以，在那里一边给当地人做助手，一边体验集体生活。时间就以一周为基准，如果有儿女或孙辈，也可以带去一起体验。

一周过后，你会发现自己变得更加坚强，忍耐力也提高了，能够更好地理解长幼有序和换位思考等人际关系的微妙之处，变得更善于与人交往。

简单说，就是你能够用心地、有礼貌地去对待每一个人。

或许有很多人会说："我还要工作呢，一周时间太长了。"

这种情况的话，我向你们推荐"合宿"。日本各地有很多能够体验禅修的禅寺。一天的体验时间恐怕有点短，不过禅寺里有很多体验方案，比如四天三晚，甚至更长一点的日程等，大家可以选择适合自己的参加看看。

养成自律的习惯

建立令人愉悦的人际关系并长久地保持下去，必需的条件是什么呢？最先想到的一定是"自律"。如果一味地按照自己的想法去发表看法或者采取行动，就难免与人发生摩擦，也会使人际关系出现裂痕。

例如，谁也不愿意和生气后就随意攻击、辱骂他人的人交往，也没有人愿意与无论什么事都固执己见、以自我为中心的人成为朋友。

严于律己才是构建良好人际关系的基础。

只有在日常生活的各种情况之中有意识地朝此方向努力，才能够养成自律的习惯。

举个简单的例子，购物。如果你看上了一件东西，马上迫不及待地买了，这就属于冲动消费，是没有控制好自己消费欲望的典型例子，因此应该尽量避免。

正确的做法是，有了想要的"欲望"后，先回到家里，冷静地考虑考虑。"这是我真正想要的东西吗？我不论如何都需要它吗？"像这样冷静地思考一段时间，有助于提高自控能力。

如果能在平时的购物中将此作为自己的准则的话，就能够抑制冲动消费，锻炼自己的自律能力。

怒气冲冲的时候，想要控制自己的情绪也十分困难。常言道，"愤怒会使人失去自我"，生气的时候很容易失去对自我的控制。

在这种情况下，平息怒气的最好方法就是"呼吸"。

将后背挺直，意识集中在丹田（脐下三寸左右）位置，用鼻子反复进行深呼吸。让气息从丹田吐出，再将吸入的气息沉入丹田。

禅宗里面分别有"调身""调息""调心"的说法，意思是通过调整身体的姿势和呼吸，可以达到调整心灵的作用。也就是说，摆正姿势，进行深入舒缓的呼吸，可以平息被怒气扰乱的心灵，使心灵平静下来。平静的心情能够起到抑制行为的效果。这个在我的著作里介绍过多次的方法，是从曹洞宗大本山住持板桥兴宗禅师那里学来的，算是现学现卖吧。不过这个方法确实能起到平息怒气的效果。

一边调节呼吸，一边在心里默念"经文"。据说板桥禅师是默念三次"谢谢你，谢谢你，谢谢你"，由此可见，默念什么都行。

"别生气，别生气，别生气。"
"没关系，没关系，没关系。"
"要微笑，要微笑，要微笑。"

各位可以选择适合自己的语句去实践一下。

前文中针对购物和生气讲了一些自律的方法。事实上，在日常生活里还有很多能够锻炼自己自律能力的机会。比如在开心的时候容易得意忘形，结果太吵闹，惹别人嫌弃，这时就要求自律。

"将喜悦藏在心里，做出波澜不惊的样子。"

像这样告诫自己，就能锻炼自律的能力。禅宗非常重视实践，所以请随时进行修炼。

身体本身能够对自律形成记忆。即使在无意识的情况下，如果遇到某些必要的场合或者局面，身体也能够自然而然地做到自律。这就是养成了自律的习惯。

你的习惯就是你的人格。一个无论何时都能保持自律的人，在任何一段人际关系中，都相当于拥有了极大的魅力和有力的武器。

在接受他人的基础上阐述自己的意见

想要人际关系得到顺利的发展，站在对方的立场上考虑问题必不可少。如果在谈话时滔滔不绝地阐述自己的意见，根本不听对方说话，那么这个对话就是不成立的，还会对彼此的关系产生不良的影响。

建造"禅庭"也是同样的道理。就像对话一样，必须考虑到"对方"，把握对方想要传达的内容。这里所说的"对方"自然是指砾石、绿植等素材。

例如，砾石有天、地、颜、里。天，指的是摆放时露出地面的部分，称为天端。地，指埋入大地的部分。颜，指表情最丰富的一面。里，指颜的相反面。至于什么位置对应砾石的天、地、颜、里，必须要听砾石的。

从各个方向观察砾石，了解砾石想要传达的内容，就像是与砾石对话，读懂石心。这是最初也是最重要的工作。如果完全由自己掌握主导权，擅自决定"颜在这里，天是这里……"，就很容易产生误读，结果导致失败。

在与石心对话的过程中不断微调，找到最合适的放置点和朝向，最后就能取得成功。

面对树木的时候也一样，需要通过与树木的对话来读懂树心。

在人际关系中，首先也要仔细倾听对方的心声。一般来说，每个人都有强调自我的倾向，总是说"我怎么怎么样"。但如果双方都一味地强调自我，那就像是两条平行线，永远也无法相交。这样又怎么能相互理解呢？

日本人是非常重视"和"的民族。即使有不同的意见，也不会彻底驳倒对方，拥有能够认可对方优点的开阔胸怀。

佛教认为，看待事物应该保持"中道"，也就是不能非黑即白、非正既恶，更不能一味地偏向于任何一方。

或许有人认为这是一种容忍灰色地带的暧昧，但我却觉得暧昧未必是件坏事。不能只认为自己才是正确的，也要认可对方提出的道理。这样才不会显得自己咄咄逼人，让对方能够感觉到你的宽容。

在交换意见或者对话的时候，是否拥有接受、认同对方观点的态度，会给对方留下截然不同的印象。例如，在与上司意见相左的时候，如果你说"课长，我认为你说得不对，难道不应该这样考虑吗"，就很容易招致对方的反感。对方作为你的上司，你必须要照顾他的面子。当然，有自己的意见是可以的，但如何将自己的意见恰当地表达出来十分重要。在表达自己意见的时候也要充分考虑到对方才行。

"课长所说的我已经了解了。但您看这样考虑行不行？"

这种表达方式与前面的表达方式之间存在非常明显的差异，后者更容易被上司所接受。

道元禅师曾经说过，不能把自己与对方分开，而是要站在对方的立场看待和思考问题。在表达自己观点的时候也应该是这样的。

"如果别人对我说这样的话，用这种说话方式对待我，我会有什么感觉呢？"

不要将心里的想法直接说出口，姑且先站在听者一方去考虑。这样一来，你自然而然就会斟酌用词及表达方式，从而使你的人际关系更加融洽。

第三章 保持舒适距离感的心得

时常保持适当的距离感与他人相处,是实现舒适人际关系的秘诀。

由大局到细节

在前文中,我对如何将建造"禅庭"的方法活用于人际关系中的基本问题进行了说明。"禅庭"中通常都有一个被称为总体设计的远景规划(基本构想),也就是说,首先要确定一个俯瞰视角的整体概念。

从这个角度来说,前文中介绍的这些内容,就相当于"人际交往"中的远景规划。而我接下来要为大家介绍的,则是从大局深入细节的处理。

从本章开始,我将以此为基础,为大家具体地讲解如何建立令人感到舒适的人际关系。

距离是有弹性的

我再强调一遍，人际关系中的距离感是让人能否感到舒适的决定因素。如果距离过近，会让人感到压抑或喘不过气；反之，如果距离过远，又会让人感到寂寞或者内心无法得到满足。

时常保持适当的距离感与他人相处，可以说是实现舒适人际关系的秘诀。但问题在于，即使面对同一个人，如果时间、场所和情况发生改变，那么适当的距离也会随之变化。也就是说，距离感中也存在着 TPO（time、place、occasion）。

例如，与学生时代的朋友私下见面时，亲密的距离对双方来说都是比较舒适的。但如果与这个朋友有工作上的往来，需要拜访他的公司或者进行业务交流时，两人之间的舒适距离就发生改变了。应该选择与对方头衔或职位相符的距离。

"课长，不知您本周内能否给我回复？"

即使对方是自己非常熟悉的朋友，在工作的场合也应该这样询问。

"你啊，记得周末前给我回个信！"

这显然就是没有分清场合。退一万步讲，如果会谈只有你们两个人的话，也许还可以这样说；但如果还有对方公司的其他员工在场的情况下，这么说是绝对不行的。

上司与下属的关系也是如此。即使是像家人般熟络的上司，在工作场合也需要尽下属的"本分"去对待。

当然，这些职场的常识大家应该都知道。我举这个例子只是为了让大家更直观地认识到距离感是"具有弹性"的。

让我们再来看下面这个例子。说到亲密关系，最具有代表性的或许就是恋人关系了。但是，这种关系也是有弹性的。

例如，男方被繁忙的工作折腾得身心俱疲的时候，又要出门和女朋友约会。他或许会给人一种与平时不同的感觉，表现出心不在焉的样子。这时，如果女方还采用像平时那样的态度（距离感）和男方交流会怎样呢？比如撒娇地说："好不容易出来约个会，你这是怎么了？再开心点嘛，开心点……"

我想这样是绝对不会令他感到舒服的。此时女方的正确做法应该是稍微拉开一些距离。不需要聊得很起劲，也不要多问，只是简单吃顿饭就早些结束约会。这才是这种情况下最合适的距离感。

夫妻之间、家人之间也是同样的道理。人心灵的状态总是在发生改变。应该时刻感知对方的心灵状态，该接近的时候接近，该保持距离的时候保持距离。

要做到这一点，关键在于积累经验。即使出现"太近了""太远了"这样的失败也没关系。只有从失败中汲取教训、积累经验，才能够真正掌握有弹性的距离感。

磨炼日本自古以来的"以心传心"精神

在感知对方的心灵状态这一点上,日本人非常具有优势。要想把握距离,就必须揣摩对方的内心活动,日本人基本上都具备这项"技能"。

有一个众所周知的禅语叫作"以心传心"。它的意思是,不通过言语,而是通过心灵来交流内心的想法。

即便对方什么都没说,也能够明白他现在的心情,知道他在想什么。日本人天生就拥有"以心传心"的能力。

日本是单一民族国家,所有的日本人都拥有同样的文化和传统,基本的价值观也相差不大,所以才拥有着相似的感性吧。"文化和传统"是培养"价值观与感性"的土壤。

而像美国那样的多民族、多人种国家,国民的价值观和感性则是多种多样的,如果一个人想要向其他人传达自己的心情和想法，就必须全都一五一十地详细说出来才能够传达清楚，完全无法实现"以心传心"。

既然日本人在这方面拥有天生的优势，那就让我们充分运用"以心传心"来揣摩他人的内心吧。首先要做的就是观察。对方的表情、举止、下意识的举动、说话节奏、语气……只要仔细观察这些要素，就能够看透对方的内心。

同样都是笑，但真诚的微笑与想要掩饰的尬笑截然不同。后者或许表现了对方心中的隔阂、烦恼和不安，也可能代表当时心情不太愉悦或者是一种不自在的信号。

无论是哪种，如果看到对方露出这样的笑容，与其保持距离才是上策。因为这意味着对方还没有完全接受你，此时贸然接近容易使两人关系变得复杂化。

一个人的言谈举止中一定会有情感的流露。比如烦躁时就会手忙脚乱，生气时举止会变得鲁莽。通过对方的言行看出对方感情的波动，将成为调整距离的重要参考。

如果对方表情平静温和，语言也充满亲近感，那么这时候就是走近他内心的最好时机。

要想加深人际关系，一定要有某件事情作为契机。如果没能把握住这个契机，本应建立起良好关系的人，也可能会一直疏远，而这个人本来能成为你的人生导师，或是能成为你最好的知己、朋友。

如果没能把握住与这样的人深化关系的契机，你不会感到可惜吗？要想不错过这些绝佳的机会，就必须充分地察言观色，发挥"以心传心"的能力。

不求改变，任其自在

个人认为在人际交往中应该有一个基本的立场，即"不尝试去改变对方"。如果不能坚持这个立场的话，人际关系便难以正常发展。

或许有人会说："这个道理我明白，我也没想要去改变对方啊。"

但实际上不管是在工作还是在生活中，我们总是在无意识地试图改变对方。比如公司里经常会出现这样的对话：

"我们的课长就不能多给部下留一些自我发挥的空间吗？不管大事小事都要唠叨，让我们很难办呀。"
"就是啊，我觉得信任部下也是上司的职责之一呢……"

如果上司事无巨细，什么事都要亲自监督，部下就难免会感到困扰吧。所以像这样的对话在职场中应该很常见。

请大家思考一下,"就不能多给部下留一些自我发挥的空间吗",不就是想要将上司变成"给予部下发挥空间的人"吗?至少也是希望他能有所改变吧。

然而,无论自己如何希望,他人都是不会改变的。正是因为想要做不可能实现的事情,人际关系才会变得失常。

比如在上述例子中,很有可能出现下属不信任上司、不听指示、开始偷懒之类的情况。无论哪种情况都会使下属与上司的关系恶化。

造成这种结果的最根本原因是什么呢?答案是"希望上司改变的想法",说白了不就是"想要改变他人"吗?

无论自己如何努力,都有无法实现的事情。相信每个人都曾有过这种经历吧。

比如自己非常喜欢另一个人。

那么在这个时候,无论自己有多喜欢对方、多想让对方也喜欢自己,如果对方没有那个心意的话,那么一切努力都是徒劳。即便爱情是最为强烈的情感,也无法以此来改变他人。

一厢情愿的感情得不到回报，结果反而开始怨恨对方。稍有差错的话，就会做出骚扰、跟踪之类大错特错的事情。所有这些的根本都在于"想要改变对方"的想法。

禅宗认为，想要强行改变自己无法改变的事物，是导致"痛苦"的根源。而改变对方，是最不可能实现的事。

对自己无法改变的事要"放手"，这就是禅的思想，同时也是最基本的人际关系准则。既然无法改变，就不要去改变。放手是最好的处理方式。

想要改变却无法改变对方，因此而着急生气，这也会使自己产生压力。但如果采取放手的态度，自然就不会感到心烦意乱了。

而且这样也能使自己采取与之前不同的距离感与对方相处。也就是说，保持充分的距离和清晰明确的关系。在前文下属与上司关系的例子之中，即使上司总是喜欢对你耳提面命，你也完全可以将其言语当作耳旁风，左耳朵进右耳朵出。

无论面对什么样的人，都要坚持不去改变他人的立场。这样，所有的人际关系才能变得简单、顺畅。

"好人症候群"是人际交往中令人疲惫的元凶

每个人都生活在与其他人的联系中，因此从某种角度来说，人们会在意别人对自己的看法也是情有可原的。能够做到完全不在意周围人的目光、对自己有绝对的自信，又能贯彻这种心态的人应该不多吧。

在意他人对自己的看法，从本质上来说可能是想得到他人更好的评价，或是让他人认可自己是一个好人。工作中的话，可能是希望别人认可自己的能力，从而把自己当作一个优秀的人。

当然，有这样的想法完全没有问题。没有人愿意被贴上"难以接近""一无是处"之类的标签。

但不管是想要得到他人更好的评价也好，或是想让他人认可自己是一个好人也罢，这种想法一旦成为一个目标，就会变得非常棘手。人们会想尽一切办法达成这个目标。更有甚者,连心灵也会受到污染。

怎么样才能成为一个好人呢?唯一的办法就是让自己接近他人心中的好人形象,通过压抑、扼杀真正的自己来拉近双方的距离。

例如对方喜欢心思缜密的人,那么方法就是投其所好,让自己成为心思缜密的人。

如果你举止粗鲁的话,对方就不会认为你是一个好人,可能会认为你是"不想要交往的人""要尽可能避开的人"吧。当然,不同的人心中对好人的标准也各不相同。

也就是说,要想让所有人都认可你,那就必须迎合所有人对好人的要求。

为了迎合他人,有时候你需要假装心思缜密,有时候则要装作豪放磊落,有时候要让人感受到热情,有时候又要强调自己有冷酷的一面。这些事情现实中能做到吗?

或许有的人真能够做到,但这样一定会非常累。迎合他人去伪装自己是十分辛苦的。并且,即使成功让对方认可自己是个好人，并与其建立了良好的关系，对方认可的也是伪装后的自己，而非真正的自己。

这算是正常的人际关系吗？若是一直维持这样的关系，很可能使人迷失真正的自我。既辛苦又会迷失自我，成为好人的"代价"未免太大了吧。

是不是到了该推倒自己好人人设的时候了？我们没必要事事都去迎合周围的人，勉强自己去做一个大家认为的好人。这种行为是不自然的。俗话说"毁誉褒贬各占一半"，既然有认为你好的人，那么就会有同样数量的人持反对态度，这不值得惊讶。如果能这样想的话，心里的负担就会减轻很多吧。

关键在于不能迷失自我。最好的办法就是做真实的自己。如果忽略了这个最基本的要素，那么人际关系一定是不自然的、扭曲的。

有一本畅销书叫作《被他人讨厌的勇气——"自我启发之父"阿德勒的哲学课》。正如其书名所说，与其穷尽手段讨人喜欢，更应该具有被人讨厌的勇气，不掩饰真实的自己，这样才能建立更好的人际关系。

怀着感恩的心缩短与他人的距离

当今时代，有越来越多的人感到人际关系渐渐僵化，与他人的关系也变得生硬起来。原因可能会有很多，但现代人正在失去感恩的心，一定是原因之一。

当然，这并不是说我们在交流中不再使用"托您的福"之类的感谢词。比如在工作中取得了一些成果的时候，如果其他人夸奖说"做得不错"，大多数人都会回答"非常感谢，托您的福"。

这个词本身是会话中的"常用语"，但我们在说出这个词的时候，内心是怎么想的呢？感恩的心情是确实存在的吗？我真正担心的是这个问题。

"托您的福"这句话，原本是对那些为自己做了些什么的人表示感谢的话语。

我想提一个问题。

在餐厅用餐时，面对眼前被端上来的美食，你会有"多亏了别人"我才能吃到如此美食的想法吗？因为自己已经按定价付了餐费，所以不会有这种想法吧。

但在禅宗却有完全不同的思考方式。禅宗认为，即便在一粒米中也包含着100个人的辛勤奉献。有米，就有生产米的农民。育苗、插秧、除草、施肥、收割……这一连串的生产作业势必牵扯到很多人。

除此之外，一定还会有供应肥料的公司、制造农业器械的公司。在大米上市之前，就有许多我们素未谋面的人付出了辛勤的劳动。

等大米上市后，也需要有许多与物流相关的人员付出辛苦。进入餐厅后，多亏了厨师与服务人员，米饭才能摆到客人面前。只因自己付了饭钱，就认为没有受到他人的照顾，不需要感激他人，这是极大的误解。

感受他人为自己带来的、给予自己的一切，并对此心怀感激，这就是感恩的心。拥有感恩之心，才会对端上饭菜的人说一句

"谢谢",也不会忘记在吃饭前说一句"我开动了"。在这个时代,还有多少人会对餐厅的服务人员说"谢谢",有多少人会在饭前双手合十说"我开动了"呢?

如果每桌都能听到客人说"谢谢您""我开动了",那么这家餐厅的氛围一定会变得非常温暖,任谁都会心情愉悦吧。

从广义上来讲,身处同一个空间的人们之间也有"人际关系"。怀有一颗感恩的心,能够让这种人际关系变得更为舒适并富有情趣。

感恩的心在日常生活中也会使人际关系变得更好。自己全力以赴的工作取得了成功,这时,人们往往认为"这是靠我自己的实力,我自己独自取得的成果"。但真是如此吗?

即使与客户直接谈判并取得成功的是自己,难道没有为谈判准备所需资料和数据的人吗?没有与对方取得联络并约定时间的人吗?

在公司与对方负责人谈判时,微笑着为你们送来茶水的人;当你为了准备谈判材料而加班时,对你说"真努力啊!"的人;还有,你可以不顾家庭,一心扑在工作上,又是多亏了谁呢……

世上没有自始至终仅凭一己之力就能完成的工作，一定有人在背后帮助你。能够察觉并感受到这一点非常重要，这样你就能自然而然心怀感激地与对方相处。

"谢谢你帮我收集资料，多亏你我才能把这些总结出来。能有你这样可以信赖的后辈真好！"
"你总是能在合适的时候送来茶水，真是太感谢了。可靠的支持真是帮了我大忙！"
"每天工作到很晚，回家后你也不抱怨，给我营造出能够集中精力工作的环境，非常谢谢你！"

并且能够自然地说出感谢的话语。我认为传达感激之情，是缩短彼此距离的最好方式。每个人都喜欢听到感谢之词，听到后任谁都会露出笑容的。

这与忘记感恩，不管什么事都一个人沾沾自喜地认为"全都是我的功劳"有着天壤之别。这种差别也会使人际关系变得完全不同。

感恩之心，是使人际关系向好的方向发展的原动力。

不忘"安闲无事"和"一期一会"的精神

步入社会几年并习惯了工作以后,可能会感到一些不满足,或者说是心里有一些空虚。

"每天都重复着同样的事,持续这样平淡无奇的日子,似乎就要忘了自己究竟为什么而生活、生活的意义是什么了。"

这就是千篇一律的生活所导致的"症状"。平淡无奇,缺少刺激,感到无聊,找不到生命的真实感。

但平淡就真的那么无聊吗?只有刺激才能使人找到生命的真实感吗?不妨想象一下每天都充满刺激的生活吧。

刺激会放大喜怒哀乐的情绪。如果这种刺激长期持续,就会使人失去内心的平静、陷入视线狭隘的状态。人在这种状态下无法做出正确的判断。

这是你期待的生活吗？不是这样吧。

人在心态安稳、平和的状态下是最为幸福的。也只有在这种状态下，人才能感受到生命的真实感。禅语有云"安闲无事"，指对没有发生什么特别的事情而抱有感激的心情。"真正的幸福是什么呢？"答案是没有令人担心的事情，不受任何事物的束缚，能够安静、随心所欲地过日子。人们总是喜欢追求刺激，却忘记了对平淡之事抱有感激之情。我们不妨再来品味一下对平淡之事的感激之情吧。

人际关系之中也存在着千篇一律的现象。其中最具代表性的就是恋人、夫妻关系。

"最近与他之间总感觉失去了新鲜感，见面时也完全没有期待的感觉……"

恋人随着交往时间变长，难免会出现这样的想法。但最初相遇时的那种怦然心动能够一直持续下去吗？即便这种怦然心动的感觉能够一直持续下去，真的就是一件好事吗？

人与人之间的关系是随着时间而变化的。失去新鲜感也是变化之一，但这并不意味着彼此之间就没有感情存在了。

不仅如此，这反而代表彼此之间的感情变得更加平稳深厚，更加相互依赖。两人之间的关系正是这样才得以发展。即便距离相同，但密度却会愈发厚重。人与人之间的关系不仅有距离上的远近，也存在着密度上的差异。

事实上，数十年如一日相依相伴的老年夫妇，即使什么也不说，只是并排坐在一起，也能使我们感受到他们之间的深厚感情。

我们需要注意到"千篇一律"背后隐藏的变化，这样才能够对千篇一律的生活（平和、安稳）怀有感激之情。

禅宗认为，人际关系不可能变得千篇一律，也有"一期一会"这样的禅语。这个词汇原本来源于茶道，意思是说，此时此刻与这个人相会的时间，一生仅此一次，不会重来第二次。因此，需要用自己最大的诚意和真心与对方交往。

无论何时、无论对谁，只要能保持"一期一会"的心情，就一定不会变得"千篇一律"。无论何时见面，都将之当作最重要的时刻来看待，对对方的看法和态度也就不会随便敷衍，而是用尽全力。这样自然不会感到千篇一律了。当然，也难免会有做不到的时候。即使这样，也请记住，时刻保持一颗"一期一会"的心，如此方能使人生的密度发生改变。

不要过度地理解他人

在人际关系中理解对方十分重要。随着理解程度的加深，亲密程度也会得到提升。

在职场之中，只要搞清楚对方的能力和工作方式，交流起来就不会出现什么大问题。即便是不喜欢其为人或者难以接受的上司，也至少能够保证正常的上下级关系。

彼此站在身为上司以及部下的立场进行工作上的交流应该不是件困难的事。

另一方面，在私人的交往中，也应该努力理解对方。但是，无论多么亲密的关系，也必须记住，在尝试理解对方的时候应该把握一个限度。

然而，现实中忽视这一点的人不在少数。比如，热恋中的男女就很容易产生这样的错觉。

"他理解我的全部,我也完全理解他。"

本人可能确实是这样想的。但出生地域、成长环境、所受教育、交往朋友都不同的两个人,是不可能完全互相理解的。

也就是说,认为自己完全能够理解对方,仅仅是错觉罢了。而且,在恋爱中想要迎合对方的意识发挥着巨大的作用。热恋中的情侣总是会一边推测对方想要保持的距离,一边按照这个距离摆正自己的位置。

即使自己特别喜欢吃日式料理,如果对方喜欢的是意大利菜,一起吃饭的时候也会更多地选择意大利餐厅,这样对方就会对自己的"理解"产生深信不疑的错觉。

"他也喜欢吃意大利菜啊。口味一致真是太好了!"

约会时对方总是愿意出门逛街,并不代表他就是个"行动派"。说不定他只是为了迎合你的习惯才出门,其实平时他更愿意窝在家里,悠闲度过工作之外的时间。在这种情况下将对方"理解"成行动派便是一厢情愿了。

这样的情侣结婚后生活在一起的话,"理解"往往就会变成怨恨。因为在婚后生活之中，迎合对方的意识会逐渐消失，即使没有完全消失，也会比恋爱期间淡薄很多。双方都会发现对方明显变得与自己当初"理解"的那个人不同了。

我们经常会听到婚姻中一方说"没想到他是这种人"。但错也不在对方一个人身上。自己也应该认识到，其实是自己当初一厢情愿地误以为自己理解了对方。

再重复一次：我们需要牢记能够理解他人的范围是有限的，理解很容易产生误判。只要牢记这一点，即使后来发现对方与自己的"理解"完全不同，也能够坦然地接受吧。

"虽然与我理解的他不同，但也是理所当然的。今后也要接受他新的一面，继续交往下去。"

同样的事情可以有不同的解释，要像这样一点一点积累起对对方的准确理解。这不仅限于恋爱关系，也是在所有的私人交往中都适用的有效办法。

关于常识、世间、社会的距离感

要想使社会稳定、人民安居乐业，宪法和法律必不可少。要想让社会和谐，就需要有"常识"存在。当然，想要人际关系能够顺利进行，也要依靠常识。正因为有了常识作为准则，我们才不会一味地去伤害或贬低他人。

但过于拘泥常识，则会使自己受到束缚。比如上了年纪后仍然追求时尚。追求时尚本是一种自由，但若是上了年纪的人在衣着上选择了年轻人风格的颜色、素材或者设计的话，周围就会不断出现这类声音：

"都一把年纪了，穿这种衣服是不是太花哨了？衣着再符合常识一点会比较好吧……"

应该做与年龄相符的事，这一常识就对追求时尚产生了束缚。

追求美也是享受人生的要素之一。我认为在这件事上，就需要与常识拉开距离，坚持自己的想法。也就是说，对常识应该采取冷静、客观的态度。

说到人际交往，交往的对象往往会被限定在"年龄相仿"的范围里。在工作场合，我们可能会与年龄相差十岁、二十岁的人有联系，但在私人生活中这种机会就非常少了。

究其原因，或许就是潜藏在背后的常识在发挥作用。比如，因为有代沟而难以沟通，与年龄相差太大的人交流旁人会觉得奇怪，交往起来很麻烦……

对于这个常识，我希望大家也能够客观看待。

年龄相仿的人，成长的时代背景大致相同，在感性方面也有很多相似的部分，确实更容易互相理解。但只和与自己年龄相仿的人交往，会让人感觉很难得到成长。

自己出生前日本这个国家的样子、人们的生活方式、当时的流行趋势以及重大的历史事件……年轻人听年长者讲述这些内容，既是在重温历史，也是在接受未曾接受过的刺激、开阔自身的眼界。而且，年长者看待和观察事物的方法都是通过自己的亲身经历培养出来的。通过向比自己经验丰富的人学习待人接物的方式，能够开阔自己的视野。

反之也一样。通过与年轻人的交流，年长者能够了解崭新的想法，感受时代的脉搏，获得方便的服务，并掌握最新设备的使用方法。就如清风拂过心房，一定会为本已经有厚重积淀的人生再添上浓墨重彩的一笔。

人们总说"代沟"，但人与人的交往中其实并不存在无法逾越的鸿沟。鸿沟与隔阂都是人心自己臆造出来的。因此，它也能靠自己的内心轻易地将其清除。

至少交往一个跨越年龄的朋友。无论对方在哪个年纪，都能让自己"此刻"的生活变得更加丰富多彩。

第四章 与难以应付的人融洽相处的方法

对他人产生不好的印象全都是我们根据自己的价值观和衡量标准进行的判断。重新审视自己衡量标准的『主观任意性』，可以使人际关系获得更大的空间，明显减少焦虑等负面情绪。

"难以应付"与"讨厌"印象的本质

在人际关系中令你感到烦恼、迷茫、焦虑、愤怒的一般都是自己难以应付的人或是不太喜欢的人吧。生活中难免会遇到这样的人。

遇到这样的人,任何人都希望能够与其拉开一定的距离,不与其接触。但是在工作场合或是必须在同一个地方参加活动的时候,也不能一味地回避。

我们先来思考一下为什么别人会给自己留下"难以应付"或"不喜欢"的印象吧。

我认为绝大多数的原因在于对方的言谈举止。对方不经意的一句话刺痛了你敏感的神经,无意识用到的一个词让你感到不舒服,抑或是因对方不拘小节的举止使你感到厌烦、太过强势的态度令你感觉不适……

类似这些无意识的言行，都可能使你对他人产生不好的印象。这里我希望提醒大家的是："不要带有自我意识。"也就是说，别人的发言伤害到了自己，别人说话不分轻重、行动散漫、固执倔强等等，全都是我们根据自己的价值观和衡量标准进行的判断。

而价值观和衡量标准因人而异，相同的措辞、说话的方式、举止和态度，有人感觉不舒服，有人则毫不在意。那么，我们自己的衡量标准就完全正确吗？

衡量标准中大多存在着主观任意性。例如，假如工作伙伴对你说："你周末能好好休息真好啊。我们公司总是周末加班，真羡慕你。"即使对方其实并无恶意，有人也会觉得刺耳，认为对方这样说"真是失礼！不就想说我闲得慌吗！干什么要这么讽刺我？"从而感到十分恼火。

但也有人接收到对方这句话本身的含义，回答"那可真是辛苦呢，千万注意身体呀"。在这个例子中，虽然双方的关系并没有发生改变，但前者却产生出"什么嘛，真不爽"的感觉，容易把对方看成是难以相处的人。

同样的行为举止，有人认为是行为散漫，有人认为是磊落大方，这里面就是主观任意性在发挥作用。

当然，有衡量标准并非坏事。它会成为规范自己言行的准则。但在衡量他人时，保持一种"宽容"的态度会更好。

"那种说话方式（举止）真是令人不喜欢啊。不过或许是我自己想多了。说不定是我过度解读了呢……"

像这样重新审视自己衡量标准的"主观任意性"，可以使人际关系获得更大的空间，明显减少焦虑等负面情绪。

人的性格多种多样。有的人刀子嘴豆腐心，有的人表面懒散实际上很可靠，有的人举止粗鲁但非常热情，有的人天真无邪冒冒失失……正是这些富有多面个性的人组成了我们的世界。世界上不存在单一性格的人。因此，如果一味地用自己的衡量标准去看待别人，就会错过他"优秀的一面"。

对话的基本是"倾听"，倾听能够提升信任感

人们经常说，对话就像抛接球。自己说出的话被对方接住，自己也要接住对方回应的话。这种连续的抛接使交流得以延续。

但是，如今这一交流的本质却有被撼动之势。人们只重视传达自己的主张，却听不进去别人的意见。一味地自说自话，根本不管对方是否能够接住自己扔出去的"球"，而且完全不准备接对方扔过来的"球"。

智能手机的普及加速了这一状况。现在很多人在说完自己想说的话以后就盯着手机屏幕玩，不管对方说什么都是一听而过。

这样怎么能加深彼此的交流呢？长此以往，人与人之间的关系也会变得淡薄、脆弱。在讨论喜欢或讨厌、好相处或不好相处以前，有必要再重新审视一下人与人之间的交流状态。

认真倾听对方，是深化交流的必要条件。

对方想传达什么、他说话时是怎样的心情、想从自己这里得到什么……要想准确把握上述内容，除了倾听以外别无他法。

而且，如果没有把握这些内容，就无法用恰当、准确的语言来回应对方。答非所问完全是在浪费时间，这样的交流缺乏最关键的心灵交流。

除此之外，倾听还有很多优点。倾听能够提升信任感。最恰当的例子当属销售人员的营销术。人们可能认为业绩好的销售人员都是那些巧舌如簧的人，但事实并非如此。口若悬河地讲解商品的优点虽然是最常见的营销手段，但这种方式绝不会给客户留下好的印象。

客户听完之后，会产生"根本就不可能有这种毫无缺点的商品嘛，真是夸大其词""这可得注意，不能轻信，被骗了可就亏大了"之类的想法。

也就是说，滔滔不绝地宣传产品反而会导致客户想要拉开足够的安全距离，而说话少但愿意认真倾听的人更容易获得客户的信任。

"这个人正努力地了解我真正想要什么,是个值得信赖的人。"

客户在意识到这一点之后,就会敞开心扉,愿意拉近两人的距离。有了信任感,人们当然愿意去购买他推荐的商品,还可能会介绍自己的朋友、熟人购买。这么一来,销售业绩必然会得到提高。

倾听与信任感紧密相连。这在任何一种人际关系中都适用。人们会对自己信任的人敞开心扉,从而使交流更加深入,增加彼此之间的了解。

不要过早地对一个人下喜欢或讨厌、好相处或不好相处之类的结论。连对方究竟是什么人都不了解,就认定"总感觉他不是我会喜欢的人""大概是难以相处的人",实在是为时过早。

人的一生能够遇见的人其实数量非常有限。如果过早地做出喜欢(好相处)、不喜欢(不好相处)的判断,很可能会将一段美好的人际关系扼杀在摇篮里。

让我们回归交流的原点,在交流时更重视倾听。若是能够静下心来倾听,双方的交流氛围定会与之前截然不同,从而看到完全不同的新风景。

把握"他人"与"自己"的概念

人是人，吾是吾，吾行吾路，不计何往。

这是哲学家西田几多郎的名言。

"人是人，我是我"的道理，即使不是思想大家，也应该能够体会。然而这个道理一旦落实到现实生活中，就有些变了味。

例如，在工作中，你是否有过这样的想法："就算新人不熟悉工作，但不管怎么说做得也太慢了。换成我一小时就解决了，到底准备拖到什么时候。啊，已经过去两小时了！"

明明后辈是后辈、自己是自己，却要用自己的标准来要求能力略逊的后辈，无视两人之间原有的距离，将对方强行拉进自己的领域。

这样的例子随处可见。

"好选手不一定能成为好教练！"

这是体育界经常提到的一句话，指在现役时期表现优秀的选手，退役后做了教练，却不能很好地指导选手、带领队伍。这就是一个用自己的眼光看待他人、以自己的标准去要求别人的典型例子。因此，这样的教练总是会责备选手："（我都可以）为什么你做不到！你都在干什么？能不能认真一点？"这样的教练怎么可能与选手搞好关系呢？应该将"人是人，我是我"这一点深深地、深深地记在心里。

禅对于自我与他人有这样的思考：他人绝对是他人，自己绝对是自己。"绝对"的意思是，在现时现地，恰到好处地生活着。他人也好、自己也好，大家都是这样地存在着。

因此，我们不能对恰到好处地生活着的人说"你这里不足啊"。工作效率不高的后辈、表现不尽如人意的运动员，大家都是在现时现地的绝对存在。当然，你可以希望他们的工作效率、技术水平提高，但要不要那样做说白了只能靠他们本人决定，旁人对此是没有发言权的。

如果你将自己的希望说出来那就是不合理的。这些不合理会变成愤怒恼火的情绪，返回到自己身上，它们也会成为人际关系中的隔阂。无论怎样浪费口舌，如果本人不那么想并付诸行动的话，无论是工作效率还是比赛技巧，都无法得到提高。

"一切众生皆有佛性。"意思是凡拥有生命者都有佛性，具备佛心。并非只有自己心中的佛才是佛、他人的佛都不足为道。

因为他人绝对是他人，自己绝对是自己。

请一定要牢记这一点。以后不管对任何人、任何事物，都能以"水平的视线"去看待。居高临下地看待他人，就会轻视他人；反之，视线从低处仰视，就会将他人放大。这两种视角都没有做到端正地看待对方。

坚持用水平视线看待他人，长此以往，身体也会记住"他人是他人，自己是自己"。我想这也是一种实践吧。

要当场迅速地做出判断

在人际交往中最令人头疼的是哪种人呢?

无论什么事都有开始与结束。一件事结束后,才能着手进行下一件事,如果拖泥带水、迟迟没能结束上一件事情,就会影响后面事情的进展。像这样一件一件事情积攒下来,积压会越来越严重,最后可能会导致原定计划完成不了。

无法立即完成一件事情的原因,大概就在于"判断"的速度吧。在处理一件事情时,有许多必须要做出判断的情况。如果能快速地做出决定,就能顺利地进入下个步骤;相反,如果迟迟无法做出决断,就只会导致工作的停滞。

迟迟无法做出判断的人会给身边的人带去很多困扰;反之,迅速地做出判断的人则能够使周围的人顺利地推进工作进度,这样的人与相关人员的关系也会变好,能够提振大家的士气,让他们更加干劲十足地处理手头的工作。

而且，干净利落地做出判断、得到结论后，就能彻底将它抛诸脑后，集中精力进行下一项工作。

判断和结论并非花的时间越多就越能得到更好的结果，有时候花费了大量时间，却得到了与最初结论相同的情况也十分常见。如果发现做出的判断是错误的，只要马上着手修正就可以了，在做决定上耗费时间并非良策。在需要做出判断和结论的情况下，应当尽量下定决心当机立断。

让身边的人能够顺利开展工作、不影响他人的工作进度也是人际交往中的重点。

说起立即对应，在处理公务上"迅速"也是一条铁则。比如迅速回复他人的邮件。我在收到邮件时会暂时停下手上的其他工作，当场回复。当然，如果是回复起来比较麻烦的邮件，就会等手头的工作告一段落时再做回复，即使这样也绝不会拖到第二天。

发送邮件的一方多数情况下是需要收到回复后才能进行下一步的工作。那么越快回信，对方也就能越快行动，从不使他人的工作出现停滞这个意义上，也应该尽力做到立即对应。

"A先生总是能立即给我回信,跟他合作感觉很轻松!"

"B先生回信总是很慢。之前有封邮件迟迟没有回信,我去联络了他,他居然说给忘掉了!"

两者之间的差别很明显吧。这当然也会影响人际关系。特别是在工作中建立的人际关系,无论认识多久、关系多好,我认为双方之间的"紧张感"都是必不可少的。立即回复邮件就是紧张感的体现,反之则是缺乏紧张感的体现。

弄清与人交往是否能促进自己的成长

我们在人际交往之中会遇到各式各样的人，那么，最为理想的人际关系是什么样的呢？

我认为是在交往中能够促进彼此成长的关系，相当于原来的竞争关系。之所以说是"原来的"，是因为我感觉现在的竞争关系似乎与过去有一些差异。在竞争中敌视对方并期待对方出现失误、找准机会嘲笑对方，甚至暗中使绊……虽然这么说可能有点极端，但一定有不少人认为竞争关系就是这样的。也就是说，竞争对手是无论如何也不能输给他、不择手段也必须战胜的人。即使两人距离很近，也处于对立的关系。

这种竞争往往是与工作成果挂钩的。双方都为了取得成果而努力奋斗，销售业绩可能会因此提升。但这真的是成长吗？成长应该是通过不断的努力和自我钻研，提高自身的能力，增加自己的才干。如今的竞争关系是否能起到这样的积极作用呢？这就不用我明说了吧。

原来的竞争关系不是这样的。

"他还真是努力啊。我也得振作精神加把劲，不能在这方面输给他！"

对方的存在会成为推动自己成长的助力，使自己的钻研热情高涨，这才是原来的竞争关系。这是一种具有紧张感并保持适当距离，互相切磋琢磨的关系。因此，当对方在工作上取得好成绩时，自己能为他鼓掌祝贺；当对方陷入困境时，自己也能够出手相助。战国时期的武将上杉谦信，在仇敌武田信玄治理的甲斐国由于缺乏盐而陷入困难之际，给他们送去了盐并帮助他们渡过难关。这就是"给敌人送盐"这句谚语的来源，这两名武将才是真正的竞争对手。

彼此均以最佳状态堂堂正正地进行战斗才是竞争，互相竞争的意义就在于此。没有比竞争更能促进人际关系的成长了。

请花费一些时间，静下心来观察周围，找到能成为自己竞争对手的人。

在交往中能够促进自我成长的人还有很多。在你周围，有没有让你憧憬羡慕的对象呢？工作能力强、擅于和人打交道、心胸开阔、具有向心力……这些都可以成为你憧憬的内容。

与自己憧憬的人交往，能够确实地实现自我成长。但是很多时候，越是让你憧憬羡慕的人，越难以接近，你越害怕与之交往。

在这种时候不应畏首畏尾。只要下定决心去接近，对方也会接受你。但要是带有"利用对方帮助自己工作更上一层楼""借对方的地位逞威风"之类的想法，则很有可能被对方一脚踢开。

所以，一定要带着"向优秀的人学习"的诚意去接近对方。

"我一直很佩服部长的为人。如果有机会的话，能不能让我听听您的高见？"

这种方式更容易被对方接受。坚定而诚挚的话语，也会句句深入人心吧。

禅语中有"薰习"这个词语，是说将防虫香的香薰放在换下来的衣服边，下次再穿这件衣服的时候，就会隐约闻到幽香。

这句禅语也告诉我们，与良师益友相处，耳濡目染中就能够学到他们的言行举止、思考方式、看问题的方法以及价值观。与令你憧憬之人交往正是"薰习"的一种实践。不要犹豫了，看起来难做起来容易，饱含诚意地与你憧憬的对象进行交流吧！

除了语言，还有很多办法可以构筑人际关系

想必有很多人由于不善言辞而无法与他人顺利交往。但语言并不是向他人传达自己想法的唯一工具，行为举止也能够表达自己的想法。

例如，工作中经常需要收发文件或资料。在递送资料或接收资料时，用双手和用单手给人留下的印象会完全不同。

"真是个仔细的人呢。他一定也会很重视他人的！"

用双手能使对方感觉你很重视他，这无疑能够给对方留下好印象，使双方的关系变得更好，说不定一下子就缩短了彼此的距离。

如果光是嘴上说"我是个对什么事情都特别仔细的人"，非但不会给对方留下好印象，还会让对方听了非常扫兴。而通过言行举止则可以自然而然地将此展现出来。言行举

止具有语言所不具备的软"传达力"。

让我们再来看一个例子。

到别人家做客的时候,一进屋就将脱下的鞋子乱放一气的人我想是没有的,但一定会有人脱鞋后直接把鞋跟朝外(门口)放在那里,或是没有把鞋子摆整齐。

这时,如果有人不露声色地放好自己的鞋,还把别人的鞋也规规矩矩地按照鞋尖朝外摆放好,这种体察入微的行动就能够传达给他人。客人回去以后,主人夫妇间可能会这样谈论:

"那位客人一看就是从小受到了很好的素质教育,我一下子就对他很有好感呢!"
"真是了不起,那样的细枝末节都那么细心。这样的人现在很少见了啊!"

人很容易受感情的影响。即使现在只是单纯的工作关系,今后也可能变成各方面都给予照顾的密切关系。

禅语有云:"照顾脚下。"直意虽然是说要摆放好自己的鞋子,但同时也在教导人们注视自己的脚下是非常重要的。注视脚下,就是脚踏实地地生活的意思。

能够好好摆放鞋子的人,也一定是能够脚踏实地地好好生活的人。仅是将鞋子摆好这一个动作,就能够令别人感受到那种坚实美好的生活方式。

在接待客人的时候也可以体现出这种"传达力"。

盛夏时节,在玄关旁摆上一个盛满清水的器皿,再将一片绿叶浮于水上。看到这个场景,一定能使人感受到沁人心脾的凉爽吧。

"在这酷暑中出门真是不容易呀,欢迎您来做客!"

像这样透着清爽的准备(行为),比任何语言都更能表达对客人的欢迎之情。这就是日本人特有的"招待"之心。

惦记对方、为对方着想、默默为对方付出的行为都能够表达出这样的心情。

"感受到他的热情好客了。来做客真是对了!能看到这个人这么美好的一面真是太好了!"

感受到主人真心的客人一定会这样想。今后,双方的关系也会变得更加亲密,心与心的距离会更加靠近。隐藏于行为举止中的传达力的真正奥妙就在于此。

对感觉稍微有些合不来的人,主动打招呼是非常有效的对应方式。即使是过去没有好好打过招呼的人,在早上碰面的时候也可以主动说一句"早上好"。

一开始对方也许会表现出困惑,没有及时做出回应。但坚持就是胜利,只要你坚持和他打招呼,对方一定会发生改变。对方或许也会回应"早上好",甚至有时会主动先跟你打招呼。即使双方之间的距离没能一下子缩短,但气氛已经越变越好了,原本冷冰冰的关系会变得温暖起来,这样的气氛对彼此来说都是更加舒适的。

耳听为虚，眼见为实

现代是一个"便捷"的时代，人们轻易就能收获各种信息，但也不要忘记这种"便利"性带来的缺陷。得到大量信息的同时，人们也不得不面对更多没必要的选择，徒增了许多烦恼。

例如，为了健康和美容想要做些运动。如果在网络上搜索"做什么运动比较好呢"，得到的相关信息简直多如繁星。

慢跑、散步、游泳、健美操、瑜伽、普拉提、伸展运动……根本列举不完。想要从中选出一个适合自己的，也是很伤脑筋的难题。

二选一、三选一的话还算比较容易。但若是一百选一、两百选一就会使人眼花缭乱，从中挑出一个就没那么容易了。即使最后选择了一个，心里也会觉得还有许多可以选择的，无法一心一意专注于此，甚至还会出现"我是不是不适合这个呢？对了，还有那个。再去试试那个吧"的想法。

当然，任何运动对于健康和美容都有好处，但一定要长期坚持才行。慢跑一周便放弃，接着又去尝试健美操，接下来是瑜伽……这样是不会有效果的。

千万不要被多余的信息所影响。

言归正传，在人际关系中，我们也往往会受到多余信息的影响。有的人总喜欢对他人评头论足。这样的人喜欢听别人的八卦消息，也愿将之当作茶余饭后的谈资。

"营业部的××先生，听说热衷于赌博，好像还借了高利贷！"
"你知道企划科的那个女孩吗？听说她同时跟两三个男朋友交往着呢！"
……

大多数被人津津乐道的传言都是"坏话"，而且常常被添油加醋。结果就给传言的对象扣上了沉迷赌博、负债累累或持有开放恋爱观的"帽子"。

是非对错暂且不说，传言其实也是一种信息。而且这种信息有着超强的传播力。正所谓"好事不出门,坏事传千里"。转眼间这些"坏话"就会传得满城风雨、尽人皆知。任何人都或多或少地会受到信息的影响,甚至可能在不知不觉中受其左右。

实际上只是在周末用零花钱买赌马券的人,却被当成沉迷赌博、借高利贷的赌徒;有许多异性朋友,但认真与男朋友交往的女孩,却被当成随意跟谁都能交往的开放的人……这都是明显被信息所左右的例子。

一般情况下,谁都不愿意和这样的人交往,会与他们拉开距离、对他们敬而远之。而让人们产生这种反应的主要原因就是缺乏根据的传言。事实上这是被信息误导所以才错误地与其保持了距离。希望大家能够牢记,不要因为被错误的信息误导而弄错了人际交往中的距离感。

与他人相关的信息种类繁多而且混杂在一起,只有筛选掉八九成的信息,才能获取正确的信息。

要想看透一个人并判断他是否值得信赖,要依靠自己的眼力和感受力。

若是能牢牢记住以上两点,就不会发生错误估计距离感的情况了。

第五章

通过自然的流露来吸引良缘的八个习惯

以自然的状态去迎接生活,
也是在为缔结良缘做准备。
用与自然接触后得到的重置的心灵去待人接物,
与他人的距离也能变得合适而融洽。

习惯一　恪尽职守, 活在当下

人生中有很多重要的东西：事业、地位、名誉、财富、家人、爱、幸福……对于你来说什么是最重要的呢？当然，不同的人对此的排序也是不同的。但我认为以上所举这些从根本上都有一个共通点：

与他人的联系。

没有与他人的联系，工作就无法进行，结果就无法获得金钱。而地位和名誉都需要他人的支持和提拔才能够得到。家族关系是最为紧密的人的关系，爱与幸福也都是在与人交往中才能获得并感受到的。

这样看来，可以说与他人的联系处于一切重要事物的中心，又由此派生出了许多重要之物。

如果这个中心出现了动摇，那么周围的一切重要之物都会变得摇摇欲坠。由此可见，稳固自己与他人的关系非常重要。只有这样才能结下良缘，并使之顺利发展。

我们常说"善有善报"，意思是做了好事情，就一定会有好的结果。与之相对的是"恶有恶报"，指做了坏事，不好的结果也会随之而来。

这是一个具有普适性的道理，当然也适用于人际关系。为了结下良缘（好的结果），善因是必不可少的。那么，什么是人际交往中的善因呢？

我认为是尽到自己的本分，也就是所谓的恪尽职守。听到这里，可能有人会说："禅怎么这么麻烦复杂，真难理解。"

实际上，做自己该做的事情就是恪尽职守。

"我也在好好工作，家务、育儿也都参与其中。算是做自己该做的事了吧……"

当然，这些也算是该做的事情，但禅语中所说的"该做的事情"与此稍有不同。禅有"而今"这个词，指最重要的是"现在"，因而我们应该把握当下，努力认真地过好每一刻。

现在一定有你该做的事，而你则需要认真地、倾注全部的热情去完成它。你真的做到了吗？

忙于工作或家务时可能会因为没时间吃午饭而随便对付一口。但这种随便吃一口的午饭，真的做到用心、认真地对待了吗？

既然吃饭是眼下应该做的事情，那就要用心、认真地品尝饭菜。只有这样，在那个瞬间（当下），才算做到了应该做的事情。

用心、认真地品茶，用心、认真地交谈，用心、认真地玩乐……怎么样，你真的做到了吗？

时间不会停止，在一分一秒地流逝，而且绝不会重来。如果现在没能用心地、认真地完成一件事，就不会有重来的机会。

人生是由一个又一个"瞬间"积累而成的，即使"没做好"的瞬间，也会被累积到自己的人生阅历之中。要是积累了太多那样的瞬间，人生就会充满了"没做好"。

请珍惜现在。无论哪个瞬间，都要着眼于眼下自己应该做的事情，全身心地投入。无论何时何地，都要恪尽职守。这才是结下良缘的最好、最强的方式。

禅僧良宽有这样一句诗:

花无心招蝶,蝶无心寻花。

到了春天,花蕾绽放,花丛中总会有蝴蝶飞舞。蝴蝶会从花中采蜜,并为鲜花运送花粉。但鲜花却不是为了给予蝴蝶花蜜才盛开的,它只是尽到了在春天绽放这一本分而已。

蝴蝶也并非是为了传递花粉而飞舞,它只是尽到了精彩度过短暂的一生这一本分而已。

双方在恪尽职守的前提下,鲜花承担着给予蝴蝶花蜜的职责,蝴蝶担负着为鲜花传递花粉的任务。这难道不是人与人关系的理想状态吗?

恪尽职守的两个人结缘,时常尽到自己的本分,又能够对对方有所帮助。这样一来,双方的距离就能向着正确的方向改变。

这样理想的人际关系或许很难实现,但也要不断努力追求。理想不正是因为有所追求才称之为理想吗?

习惯二　早起，度过清爽充实的早晨

"一日之计在于晨。"我很赞同这句话。如何度过一天的清晨时光非常重要。如果早晨睡了懒觉的话，那么一整天都会感觉被时间撵着跑。

有工作的人踩着点勉强赶到公司。因为时间不宽裕、自己也着急，就要花费更多的时间去调整情绪进入工作状态。这种"迟到感"也会伴随一整天。

工作还没有准备好，就得去和合作伙伴碰面；还没能组织好自己的思路，就要去参加会议……这时自己往往会变得非常被动。

在准备不足的情况下进行谈判，谈判的节奏就会被对方所控制，变成以对方的距离感来推进事情的进程。这是极大的劣势。因为一旦对方首先决定了双方的距离，那他就掌握了谈判的主导权。

而早起的话，情况就会变得完全不同了。可以好好吃早饭（当然，要用心、认真地吃）、细细品茶，也能有充分的时间进行打扮和准备，确认当天的日程、看看报纸以及浏览网上有用的信息，还能做一些工作上的准备。

像这样度过一个清爽又充实的早晨，内心也会变得清爽平静，更加充盈。这样一来，不管面对什么样的人都能够更加温和地去应对，即使在工作或私人场合遇到新的朋友，也能够以非常自然的状态去面对。内心的充盈与自然的状态密不可分。

以自然的状态去迎接生活，也是在为缔结良缘做准备。正因为没有多余的压力，心灵与眼光都更加清澈，能够更清楚地看透对方，体察到对方的心情，关注到每一处细节。

早起的作用远比你想象得更大。请提前三十分钟起床吧。这样随着清晨时光的改变，一整天也会跟着发生改变，使你更容易与他人结下良缘，也能使现有的缘分朝着好的方向发展。

对于不擅长早起的人，请先坚持早起十天。只要能够坚持早起十天，之后的十天早起就会轻松许多。接下来是一个月、三个月、六个月……经过一段时间之后，早起就会成为你的习惯。

每天以清爽的起床作为起点吧。

习惯三　将早晨十分钟的扫除作为日常习惯，整理好心情再出门

我再对如何度过清晨的时光提一些建议吧。如果让我列举清晨要做的事情，我首先想到的就是打扫。可能有不少人觉得，扫除应该在周末一口气完成，忙碌的平日早晨哪有时间打扫卫生啊！

确实，很多人都觉得扫除非常耗费时间，但那是因为一周都没有清扫，全都攒到周末的缘故。如果每天都选择一个地方进行十分钟的扫除，房间就能够一直保持干净。

周一打扫厨房，周二打扫卫生间和玄关，周三打扫起居室……这样轮流清扫，每天花费在扫除上的时间只需十分钟就够了。利用早晨的时间打扫房间绰绰有余。

扫除不仅仅是收拾房间，使其看上去干净。禅认为，拂去屋中灰尘也是拂去心中阴霾，打磨地板也是打磨自己的内心。扫除是能够与坐禅匹敌的修行。

每一个人都是带着一尘不染的纯洁心灵降生于世的。但是在成长的过程中，每天都要与大量的人打交道，心灵也会逐渐蒙尘积灰。

这些就是被称为"烦恼"的私欲、妄想以及执念。因此，我们丝毫不能懈怠，必须将这些灰尘拂去。扫除进行的正是这种工作（禅宗称为"作务"）。

只要带着"拂去心中灰尘""打磨自己内心"的意识进行扫除，就不会潦草应付，就能够保持自然的心态，认真地进行扫除。着眼于扫除这一任务，也是恪尽职守的表现。

因为拂去了心中的灰尘、打磨了自己的内心，所以扫除以后会感到心情舒畅。自己的内心与所在的空间是联动的，因此，待在干净的屋子中，内心也会变得干净纯粹。

用没有丝毫烦恼的心态度过每一天，对于人际交往具有重大的意义。我们需要用"心眼"来测量自己与他人的距离。若是心灵干净纯粹，心眼也会清晰明亮。

有一双明亮的心眼，就能够精确地把握此时此景，明了应该与对方保持怎样的合适距离。如果心眼蒙上阴霾，就会对距离产生误判，导致自己在与他人相处时产生违和感或是不好的感觉，甚至可能对缔结良缘造成影响。

清晨早起，先打开所有的窗户，让新鲜的空气流遍整个房间，深呼吸，再着手进行扫除。带着拂去了灰尘、打磨干净的内心来吃早饭，餐食的味道也会更加美味。

然后再调整好心态出门。早晨若是慌慌忙忙，也会造成焦虑、慌乱、着急的负面情绪。这些负面情绪会扰乱心情，也一定会影响到人际关系。

比如因为不相关的人的话语影响了自己的心情，或是对别人说出一些无心之语，人际关系就是从这些小事开始生出隔阂的。就算是为了避免与他人产生摩擦，也要将十分钟的扫除作为每天的早课坚持下去。

习惯四　带着感谢与尊敬的心情合掌祈福

过去，日本的家庭每天早晨几乎都会在供奉着先祖的佛坛前摆上鲜花和清水，点上线香，包括孩子们在内的所有家庭成员都会合掌祈福，这是每天必做的事情。

双手合十这个动作有着特殊的意义。右手代表对方的心，左手代表自己的心。将两者重合，意味着与对方心心相印。在佛坛前双手合十，是为了将心灵合一，向给予我们生命并能保佑我们平安无事的先祖们表达感激之情。

最初只是模仿大人动作的孩子们，能够通过坚持每日合掌祈福，学习到对先祖的敬畏之心以及感恩之情。早晨的合掌祈福，也是心灵成长的重要时间。

如今，供奉佛坛的家庭明显地减少了。乡村可能没有太大的变化，但对于居住在城市的家庭来说，佛坛已经十分少见。

随着"核家族"（由夫妇与未婚子女组成的小家庭）现象的加剧，家庭的结构与样态也正在发生着改变，这也是没办法的事情。但是，合掌祈福这种充满日本传统美感的习俗在时间的沉积中渐渐被埋没，不由得让人感到十分惋惜。

即便没有佛坛也可以合掌祈福。比如在房间的一侧放置一张小桌子，摆上祖父母的照片。若是远离双亲自己独居，也可以将父母的照片一起放上去。

或者是拜访神社或寺庙时请来的御札也可以，将在其前方合掌祈福作为每天早上的"仪式"。

"一直以来多谢您的庇佑。今天我也会拼命努力，还请您继续保佑我。"

让感激之情充满内心，能够给心灵带来净化，起到平复心情、稳定情绪的作用。这也是最适合一天开始时的心灵状态。

只要迈出家门，就难免因工作或人际关系等事情感到烦恼。但是，如果通过合掌来平复心情的话，对于烦心事的忍耐力就会截然不同。以往令人烦躁、恼怒，甚至想一脚踢开的事情，现在自己都能够调整心态，继续寻找解决方案……你一定能够体会到这样的变化。

禅语中有"柔软心"这个词。与字面的意思一样，它描述的是柔软且优美的心灵。合掌祈福就能够使自己拥有一颗柔软心。

柔软且优美的心灵能够使人际关系更加具有弹性。即使关系变得紧张，也能够迅速复原，产生别扭也能很快恢复原样。而且，每天清晨对先祖表示感激之情，能够让我们对身边的人也抱持感恩之心。每天想着"感谢你能与我建立工作上的缘分，感谢你能成为我的朋友"。

有了这种想法做根基，人际关系就会像磐石一般坚不可摧，无论面对怎样的人都能够心胸豁达地去接受他。

习惯五　　饱含心意地写亲笔信

正如我在第一章中提到过的那样,现在的交流手段多种多样。因此,需要根据不同的对象和状况选择不同的交流方式。

尽管电子邮件十分方便,但如果是求助或道歉也用电子邮件联系会怎样呢?站在收信人的立场来看,这种做法显然是有失礼节的。

"前些日子因为我的失误给您添麻烦了。我真诚地向您道歉!"

如果用邮件发送这类道歉的言语的话,无论多么宽容的人都会不禁咋舌。

"用电子邮件道歉?这人到底在想什么呢?以为这样就算道歉了可就大错特错了。真是没资格步入社会。"

别说道歉了,结果可能会火上浇油,使对方更加生气,对方对你的印象也会急转直下。即使之前一直都保持着良好的距离关系,今后也会变差吧。

在传达信息、联络工作方面,电子邮件或许是最好的选择。但心灵的微妙之处却很难用电子邮件来进行传达。无论是求助还是道歉,不都是在传达自己的这份心情吗?

这个任务对于电子邮件来说太难了,所以应该自己行动起来,和对方面对面,这是绝对的铁则。当然,如果对方在国外,或是在距离自己很远的地方,那就没法直接面对面。

这时可以使用"信件",当然必须是亲笔信。但道歉需要更加认真慎重,应该先打电话表达自己的歉意,再写亲笔信道歉。

在写信时,需要考虑如何表达自己的想法,选择合适的语言,再不断推敲。花费时间和精力,才能使字里行间饱含感情。

或许有人想:"既然不能见面,那就用电话亲口说……"这样的想法确实有道理,但通过电话真的能将细微的想法传达给对方吗?

例如，道歉的时候，很难充分地表达自己的想法，我想只会是不断地重复"非常抱歉"这句话而已。

比起用口说话，我认为亲手写封信更适合去拜托他人或向他人道歉。

你是否有过这样的经历：想要安慰因亲人离世而悲伤消沉的朋友，或是想要鼓励在工作或人际关系上遇到了困难的朋友。这时应该亲笔写封信给对方。

你并不知道对方当时的心境如何，他们有可能十分悲伤、不想和他人说话，也有可能想要自己独自面对困难。这种心境下给他们打电话，只会增加对方的心理负担。而写信就没有这样的烦恼了，如果是用心写成的文字，对方还可以反复阅读。

一封给予自己支持、安慰、鼓励的亲笔信，可能会成为一个人珍藏一生的宝贵财富。即使不在他身边，寄托在信函中的心意也会一直陪伴着对方。亲笔信具有电话无法比拟的沟通力量。

现代人已经很少甚至从不写信。但最能传达心意的，还是写信。或许我们应该重新审视信件的力量。

习惯六　不问成败，正视自己的缺点

在人际交往中，很多人都会尽可能掩饰自己的缺点，但自己却意识不到。

每个人都拥有自卫的本能。不让别人看到自己的弱点也属于一种自卫，但这样做真的能够保护自己吗？

虽然现在以美国为首的一些国家都开始举起了保护主义的大旗，但随着全球化的推进，英语仍然是非常重要的国际交流手段。

很多人都感觉自己的英语水平不行，与工作伙伴聊天的时候，如果对方问"您英语怎样"，自己只能做出"嗯，还好吧"这种含糊的回答。

这样的回答虽然没有将做不到的事情吹嘘成能做到，但也属于"隐藏自己的弱点"。因为你的回答比较含糊，具体什么意思只能由对方自己去理解，会被对方认为"这个人英语相当好"也说不定。

如果过了几天，对方提出了这样的请求该怎么办呢：

"最近有一名美国的采购商要来访问。我想会对您的工作起到帮助，想要介绍给您……"

要是答应这个请求，就会暴露自己英语不好的弱点，而拒绝则会让大好机会白白溜走。面对这样的两难选择时，隐藏自己的弱点真的是在保护自己吗？其实是将自己推到绝境了吧！

在私人交往中也会出现这种情况。

不管是地区组织还是兴趣小组，都会有成员们一起外出吃饭的活动。

"要去吃法餐？糟糕，我完全不懂西餐礼仪。"

这时候，为了不让他人看到自己的"弱点"，有的人就会推辞说还有别的事，不能参加聚餐。

这种行为不仅会将自己排除在融洽关系的圈子之外，也可能会因为选择逃避而感到难为情。无论怎么说，这都是有百害而无一利的。

在前文中我也提到过，"自己绝对是自己（包含自己的弱点）"，只要向别人展露真实的自己就好。

在工作场合，被问到"英语怎样"时，直接爽快地回答"完全不行呢，都怪自己当时没能好好学习"，那么对方再来邀请时就会说"很不好意思，我会给您做翻译的，还请务必前来"。

在私人交往中，如果直说"哎呀，吃法餐吗？真头疼啊，我完全不懂西餐礼仪呢"，一定会有人说"没关系，没关系，我也没有那么熟练，不过我会坐在你旁边，照着我的样子学就行啦"。

不精通政治，不熟悉经济，或是文学知识匮乏……每个人都有各种各样的弱点，但展现出自己的弱点，绝不代表自己劣人一等。不仅如此，如果你表现出直爽和单纯，无论是谁都会对你产生好感吧。而产生好感，就意味着双方缩短了距离，内心得以拉近。

日本前首相田中角荣就十分精于此道。他曾经公开宣布自己是"高小（高等小学）毕业"，而永田町却是以东京大学为首，各地高校的高才生云集的地方。

在这样的地方拥有高小毕业的学历自然是异类，也可以说是弱点。但前首相却将自己的弱点摆到了明面上。这样做的结果如何呢？

低学历不仅成了田中角荣的招牌，也令他更为亲民，他被媒体冠以"今太阁"的头衔，多数国民都为他拍手叫好。

其实这其中还有隐情。田中角荣实际的最终学历是"中央工业学校毕业"，相当于现在高等专门学校的水平。他不仅没有谎报学历，甚至还故意把学历说低，这就是通过展现自己的弱点从而让他人对自己建立好感的典型例子。

从他作为自民党最大派阀领袖这一点就能看出，田中首相有着卓越的把控人心的能力，或许这正因为他敢于展现自己的弱点吧。

通过展现自己的弱点，可以拉近彼此内心的距离。

习惯七　　重整三业，使自己举止优雅

魅力是什么呢？这个问题可能有些难以回答。那么，你觉得什么样的人才是富有魅力的呢？

能够被什么样的人吸引，取决于每个人的价值观和审美意识，当然有个人差异的存在。有人喜欢工作能力强的人，也有人喜欢胸襟豁达的人。有人喜欢细致敏感的人，也有人喜欢富有包容力的人。

对人的喜好可以说是多种多样的，但我认为有一种要素，无论什么人都会感到极富魅力，那就是"举止之美"。看到他的举止就感觉"啊，真美啊"，这样的人很容易走进对方的心灵，谁都愿意与这样的人接近。

说起优雅的举止，我首先想到的就是茶道的礼仪。我想出

席过茶会的人都会同意，那泡茶的手法，举手投足之间都是真正的优雅。

没有一个多余的动作，犹如毫无沉淀的清流一般，每一个动作之间都流畅衔接。借用禅意之美来表达，就是"简素""自然"。

没错，简素与自然是优雅举止的两大条件。比如与重要的人会面时，我们会想着"得展现出自己的好品味""要表现得大方得体"。

但这样的想法反而会导致我们做出多余的动作，失去自然感，使好品味与得体显得十分刻意。对方见了这样的举止，一定会想要拉开两人间的距离吧！或许会想"他为什么要装成那个样子呢？还是稍微离远点吧"。

简素、自然的举止很难实现吗？并不是那样。重点就在于本章开头时所说的"饱含心意"和"认真细致"。茶道也正是由于符合这两条，才显得举止美丽、优雅。

"想要让被招待的客人品尝到美味的茶，所以我要尽自己所能做好现在的工作。"

仅仅朝着这一个目标去努力行动，就是饱含着心意的，动作也会变得认真细致。这自然而然就构成了简素又自然的举止。

无论何时都将"饱含心意"和"认真细致"铭记于心，我想大家还是做得到的吧。

禅语里有"重整三业"这个说法。"三业"指的是"身业""口业""意业"。身指身体，口表话语，意即是心灵。也就是说，整理身业是要自己的举止优雅端庄，整理口业需要使用优美的语言，整理意业就是抱有一颗自由的心（最为美丽的心灵）。

"需要整理的有三处吗？这听起来好难呀。"

或许有人会这样想。但请不要担心，因为这三业是紧密相连的。如果举止优雅，那么语言也会变得美丽，心灵也能平静下来。

比如你倾注全部的心意，认真地做饭给其他人吃，这就是非常优美的举止。将菜端上桌时，你会说"快吃吧"这种粗鲁的话吗？我想是不会的。你一定会说"请（您）品尝吧"，不是吗？优美的举止也会引出优美的语言。两者结合在一起，又使心灵变得更加美丽。

现在大家知道为什么举止优雅的人会让人感到很有魅力了吧！没错，是因为"优雅的举止—优美的语言—美好的心灵"这个法则在这个人的身上得到了完美的体现。不要忘记"饱含心意"和"认真细致"这两个关键词。无论何时都要做一个举止优雅的人。

习惯八　接触自然可以磨炼人的感受力

"感觉最近人际交往总是不顺利！"

大概谁都会有这种时候，无法把握好与他人之间的合适距离。这时候，就要想些办法使自己的状态回归正轨。

"该怎么办呢？是不是应该再好好沟通一次呢？"

在烦恼迷茫时冥思苦想是没有用的。如果没有头绪，只靠想，就有可能钻牛角尖，反而令烦恼和迷茫加深。这时候最好的办法是干脆先把这件事完全从头脑中抛开，放空因这件烦心事而被填满的心房。

要想达到这个目的，与自然接触是最好的办法。一般情况下，居住在城市之中的人平时根本没有什么机会去接触自然吧。

这或许也是导致人际关系出现问题的间接因素之一。因为与自然接触，可以使被各种事情塞满的思绪得到重置。如果不能清空思绪，带着满腹的郁闷与他人交往，对方也会无法接受。

即使没有时间远行，也一样可以接触自然。在城市中也有公园或是禅寺，那里一定有一片绿荫，充满着宁静的氛围。

任何人都能在与自然的接触中重获内心的纯净。塞满心底的烦心事会一挥即散，心灵变得轻松自在。而无论何时，自然都不会吝啬。春天草木抽芽、花儿盛开，秋天便是满树金红、落叶归根。将自然的季节变换放入心底，就像自己也在不断成长一样。这些时间的流逝以原本的姿态展现在这里。这就是大自然对我们最慷慨无私的馈赠。

置身于自然中，心灵就会和自然的景色产生共鸣，塞满心底的烦心事也会一件一件离自己而去，我们就会感到心灵被洗涤，轻松自在。

道原禅师曾经吟诵过这样一首诗：

山峰之色、溪流之音皆伴身旁，我与释迦牟尼的声姿同在。

这里的"山峰之色"和"溪流之音"正是象征了自然。自然之姿，既象征了释迦牟尼的声音，也代表了他的姿态。因此接触自然，也是耳听佛祖教诲、眼观佛祖身姿的行为。对于治疗心灵来说，没有比这更有效的处方了吧。

用与自然接触后得到的重置的心灵去待人接物，就不必再有任何的担心，只要全部交给自己的内心来决定就可以了。与他人的距离也能变得合适而融洽。人心本就有着自动调节距离的能力，但若是被烦恼和迷茫所阻，这种能力就没法正常发挥了吧。

自然也能够磨炼人的感受力，能够给予视觉、听觉、嗅觉、触觉（味觉）这四（五）感适当的刺激。树叶缤纷的色彩、鸟儿婉转的叫声与风吹树叶的沙沙声、草木在空气中留下的清新香气、微风拂过的柔和触感……

这些事物在磨炼人感受力的同时，也带来了季节流转的气息。

"树开始抽芽了呢，春天就快要来了！"
"阳光好刺眼，夏天马上就要到了！"
"风儿渐渐凉了，快到深秋了呢！"
"冷到想把身体缩起来，今年冬天应该会很冷吧！"

无论是在家、在公司还是在商场，现代的房间内往往装有完备的空调设施，想在日常中感受到季节变化应该是很困难的吧！但过去，日本人都是用身体去感知季节流转的。我想，这就是日本人丰富且纤细的感性特征的源泉。不亲身体会自然，感性就会变得迟钝。请抽出时间，尽量去接触自然吧。

感性也会极大地影响人际关系的发展。感性决定了能否感受到对方内心深处的想法。例如，如果从对方微小的举动中察觉到"啊，这个人没什么空闲时间了"，就能早些结束话题，做出对方希望的应对。

如果等对方说出"非常抱歉，我这之后还有别的事情……"你才意识到"啊，原来你赶时间啊"的话，就为时已晚了。让人更舒服的场景当然是前者。

关于丰臣秀吉的心腹石田三成，有这样一段轶闻。

秀吉在外出狩猎时感到口渴，便在一处寺院落脚。秀吉向寺里的人讨茶喝，寺中少年拿给他满满一大碗温茶水。

秀吉一口气将其喝干，又向少年要求再来一杯。这次少年端来的是稍小一点的容器，茶水有点热。秀吉又将其喝干，再向少年要求最后一杯。

最后，少年将一小杯热茶放在秀吉面前。细细品尝过后，秀吉决定将这名少年收作家臣。少年端来的第一杯茶，是为了润喉解渴，因此是能够一口喝干的温度；第二杯则是能够稍微品尝的温度；最后一杯是能够让人静下心来细细品尝的滚烫热茶。他准确地体察到秀吉所想并端出了茶。秀吉也被他这种机敏所打动。因为这个"三献茶"的故事而被人所熟知的少年就是石田三成。

我再重复一遍，决定人是否能准确把握住他人内心想法的就是感性。如果具有敏锐的感性，就能做出机敏的判断和行动。三成利用自己敏锐的感性做出了机敏的判断，也因此与秀吉结缘。

磨炼自己的感性，就能在不经意间邂逅良缘。

修习佛道即修习自身，修习自身即忘却自身，忘却自身即证万法也。

道元禅师

结　语

读完本书，你有什么感想呢？是否对于人际关系有了新的认识和意外的收获？如果能够使读者得到新的认识和收获，作为笔者的我就感到无比感激和欣慰了。

正如本书中所提到的，人生的奥妙与乐趣就在于与他人的联系。拥有令人舒服的、美妙的、幸福的、充实的人际关系，会给人生带来巨大的变化。

"回想起来，在人际关系中总是被别人牵着鼻子走！"
"不知为什么，我的人际关系总是很生硬！"

回顾过去自己与他人的交往，一定会有人这么想吧！但从今往后就不同了。你已经掌握了使自己的人生变得丰富多彩以及与人良好相处的智慧和方法，今后就请在生活中实践这些方法吧。将自己作为主体，与他人建立起美好的关系。

舒适的关系能使人生变得多姿多彩，美妙的关系能给人生带来喜悦，相互间感到幸福的关系也与生存欲望紧密相连，充实的关系能够促进双方成长。

人生虽然漫长，但每个人的时间都是有限的，哪怕一秒时间都不能白白浪费。立刻就行动起来吧，一步接着一步，走出幸福而又美好的人生。

"啊！与他人的联系是多么美妙啊！"

我由衷地希望您也能够发自心底地这样想。

合掌

二〇一七年九月吉日

建功寺方丈　枡野俊明

图书在版编目（CIP）数据

若即若离：人际关系的禅意美学 /（日）枡野俊明著；朱婷婷，朱悦玮译. — 北京：北京时代华文书局，2020.7（2021.2重印）

ISBN 978-7-5699-3729-9

Ⅰ.①若… Ⅱ.①枡… ②朱… ③朱… Ⅲ.①人际关系学－通俗读物 Ⅳ.①C912.11-49

中国版本图书馆CIP数据核字(2020)第090173号

北京市版权局著作权合同登记号 字 01-2018-7493

CHIKASUGIZU, TOSUGIZU. TANIN NI FURIMAWASARENAI HITOZUKIAI NO GOKUI
©Shunmyo Masuno 2017
First published in Japan in 2017 by KADOKAWA CORPORATION, Tokyo.
Simplified Chinese translation rights arranged with KADOKAWA CORPORATION, Tokyo through BARDON-CHINESE MEDIA AGENCY.

若即若离：人际关系的禅意美学
Ruojiruoli : Renjiguanxi de Chanyi Meixue

著　　者｜[日]枡野俊明
译　　者｜朱婷婷　朱悦玮

出 版 人｜陈　涛
策划编辑｜周海燕
责任编辑｜周海燕
责任校对｜徐敏峰
封面设计｜天行健设计
版式设计｜孙丽莉
责任印制｜刘　银　訾　敬

出版发行｜北京时代华文书局 http://www.bjsdsj.com.cn
　　　　　北京市东城区安定门外大街138号皇城国际大厦A座8楼
　　　　　邮编：100011　电话：010-64267955　64267677

印　　刷｜三河市兴博印务有限公司　0316-5166530
　　　　　（如发现印装质量问题，请与印刷厂联系调换）

开　　本｜880mm×1230mm　1/32　印　张｜6.5　字　数｜80千字
版　　次｜2020年9月第1版　印　次｜2021年2月第2次印刷
书　　号｜ISBN 978-7-5699-3729-9
定　　价｜48.00元

版权所有，侵权必究